Piccoli e Grandi *manuali*/17

Piccoli e Grandi
manuali

QUESTO LIBRO

La giornata di un bambino è densa di avvenimenti. C'è sempre qualcosa di nuovo da scoprire, che lo interessa e che dovrà elaborare. Con tutti questi stimoli, i piccoli rituali contribuiscono a dare una struttura rassicurante alla sua vita e a creare per lui delle sicure oasi di pace. Questa guida si rivolge a genitori ed educatori, illustrando in modo esauriente e affidabile che cosa sono i rituali, quando possono essere utili e come è possibile introdurli in modo mirato nell'educazione dei bambini. Un aiuto concreto per gestire meglio la quotidianità in famiglia.

L'autrice

Annegret Weikert, laureata in Pedagogia, si occupa di terapia di coppia e della famiglia. È sposata e ha tre figli adolescenti, di cui uno adottivo. Ha pubblicato libri sull'educazione, anche in collaborazione con suo marito, lo psicologo Wolfgang Weikert.

red studio redazionale © 2000.
Traduzione di Viviana Chiarlo dall'originale tedesco *Rituale geben Kindern Halt*, Südwest Verlag GmbH & Co. KG, Monaco, © 1997.
Redazione di Angela Giaccardi. Coordinamento di Paolo Giomo.

Fotocomposizione: Sedigraf, Blevio (CO)
Stampa: Nuove Grafiche Artabano, Omegna (VB).
Piccoli e Grandi
Periodico bimestrale registrato con il numero 18/89 presso il Tribunale di Como; numero 55/2000
Direttore responsabile: Maurizio Rosenberg Colorni

Edizione: VI   V   IV   III   II   I

Anno: 2003 2002 2001 2000

red studio redazionale, via Volta 43, 22100 Como
Telefono 031-279146; fax 031-300135
Indirizzo Internet: http://www.red-edizioni.it
E-mail: info@red-edizioni.it

Annegret Weikert

I piccoli riti
di ogni giorno
che aiutano
a crescere

PERCHÉ QUESTO LIBRO?

I 'rituali' sono sequenze comportamentali consolidate o acquisite inconsapevolmente che si ripetono sempre allo stesso modo. La loro regolarità rappresenta una **struttura affidabile** su cui si basa la vita stessa dei bambini.

Ogni giorno essi fanno molte esperienze nuove, stupefacenti e imprevedibili, che devono essere registrate e rielaborate. Al contrario, i rituali sono pause abitudinarie, familiari: una specie di oasi di pace in un mondo che per i bambini è ancora molto imponderabile. Consuetudini come il bacio della mattina o la favola della buonanotte, che avvengono regolarmente, diventano per il bambino facilmente prevedibili. Se tali piccoli riti assumono una forma armoniosa e amorevole, rappresentano dei momenti salienti intorno ai quali è costruita l'intera giornata: sono pause che egli può pregustare con certezza, che gli danno sicurezza e rappresentano per lui **un punto fermo**.

Il Natale, il compleanno, il primo giorno di scuola: i rituali sono 'cartelli stradali' importanti per i bambini nel percorso della vita.

Rituali ordinari e speciali

Accanto ai rituali di ogni giorno ce ne sono altri che hanno luogo solamente in occasioni particolari: la colazione della domenica che si può consumare rimanendo in pigiama, oppure la torta di compleanno con le candeline da spegnere, per esempio. Questo tipo di rituali insegna al bambino che oltre agli avvenimenti quotidiani esistono anche prospettive a lungo termine.

Le feste religiose con le loro antiche tradizioni e i riti dalle origini remote esemplificano al bambino il ritmo dell'anno e lo avvicinano alla religione, alla storia e alla sua eredità culturale.

Molti dei piccoli riti presentati in questo libro potrebbero essere

già noti, altri lo sono meno; è evidente che alcuni sono diventa-
ti una specie di patrimonio comune e si svolgono in modo del
tutto simile in molte famiglie, mentre altri hanno una forte carat-
terizzazione individuale. I numerosi esempi contenuti in questo
libro vogliono essere semplicemente **uno stimolo**; sta a voi,
naturalmente, adattarli alla vostra situazione particolare e a vostro figlio. Più il rituale è consono alla situazione personale, più
aiuterà vostro figlio a risolvere un certo problema o a venire a
capo di una determinata situazione.
Proprio perché i bambini amano i riti, e spesso ne creano di propri, può essere molto utile sceglierne uno già esistente ed ela-
borarlo ulteriormente: sarete voi a individuare quelli adatti. Essi
aiuteranno vostro figlio a sviluppare ulteriormente la sua fiducia
in voi. Per il percorso che egli deve compiere nella vita, questa
è una **capacità irrinunciabile**.

Alcuni di questi rituali nella nostra vita frenetica sono ormai dimenticati, o appaiono antiquati. Tuttavia, se pensiamo che proprio oggi, appunto a causa della frenesia e dei molti cambiamenti
repentini, il riferirsi a valori stabili assume per molte persone
un'importanza sempre maggiore, noi dovremmo aiutare i nostri
figli a dare alla loro vita un senso e una struttura solida.

**L'eccesso di stimoli, il consumismo, lo stress:
sono solo alcuni dei luoghi comuni che caratterizzano
il nostro tempo. Piccoli riti possono favorire un modo
di procedere più calmo, consapevole e anche salutare.**

I RITUALI FAVORISCONO L'EVOLUZIONE DEL BAMBINO

Rituali legati al tempo

Vi ricorderete sicuramente di alcuni rituali della vostra infanzia. Avete ancora in mente quelle domeniche in cui avevate il permesso di infilarvi nel letto dei vostri genitori, e mamma e papà vi coccolavano e vi facevano giocare? O ricordate ancora com'era quando a scuola avevate realizzato delle lanterne colorate per qualche processione religiosa e non vedevate l'ora che arrivasse quel giorno, oppure quando a Natale arrivava Gesù Bambino, o quando finalmente potevate aprire le uova di Pasqua?

Probabilmente vi rammentate anche di consuetudini che purtroppo non erano altrettanto gradite: per esempio la passeggiata forzata della domenica, magari anche combinata allo scomodo abbigliamento 'della festa' che significava solamente non potersi sporcare; essere messi 'in piedi nell'angolo' a scuola; doversi lavare le mani prima del pasto anche se non avevate voglia o, peggio, punizioni particolari in famiglia.

Se possibile, evitate ai vostri figli quei piccoli riti che in voi hanno lasciato un ricordo negativo, oppure cercate invece di trasformarli in un'esperienza positiva.

Molti rituali sono 'dipendenti dal tempo', vale a dire che avevano senso in un certo periodo e si svolgevano solamente in esso. Altri sono 'senza tempo' e si ripetono in qualsiasi epoca. I 'riti di passaggio', che aiutano i bambini a concludere un periodo della propria vita per affrontarne un altro, sono sempre esistiti. La comunione e la cresima sono esempi di rituali religiosi senza tempo. Anche in altre in religioni ne esistono di simili.

Il passaggio nel mondo degli adulti

In culture diverse dalla nostra sono frequenti determinati rituali di iniziazione che sanciscono il passaggio dei bambini nel mondo degli adulti. Nelle moderne società industrializzate molti rituali rischiano di 'estinguersi' perché ritenuti superati, oppure semplicemente dimenticati, senza considerare invece che sono **necessari all'educazione**

Un aiuto per l'apprendimento

Alcuni riti possono **favorire lo sviluppo** del vostro bambino. In determinate situazioni complesse del processo di apprendimento, essi lo aiutano a imparare più facilmente.

«Maria voleva sempre mettersi i vestiti da sola; se solo facevo il minimo tentativo di aiutarla, iniziava a gridare come un'ossessa. Finché un bel giorno non mi venne in mente di fare un piccolo gioco, in cui io mi mettevo a terra davanti a lei e le facevo vedere come si infila un paio di pantaloni. Improvvisamente i pianti cessarono. Ogni volta mia figlia mi chiedeva di mettermi a terra con lei per indossare insieme i pantaloni. Dopo qualche tempo, quando fu capace di infilarli senza problemi, questo rituale scomparve da solo.»

Occorre lasciare ai bambini il tempo sufficiente per ogni processo di apprendimento. Anche i rituali devono essere ben compresi per poter essere eseguiti nel modo giusto.

Creare ordine

I rituali non aiutano i bambini solamente a imparare come si infilano i pantaloni, ma **creano** anche **altri schemi di ordine**, per esempio quello mentale. Creano connessioni logiche, e di conseguenza favoriscono lo sviluppo di nuove idee e nuovi comportamenti. In questo modo vostro figlio può imparare a mettere ordine in molti dei suoi innati impulsi contraddittori.

«Quando Stefano aveva 4 anni iniziò a pretendere di fare tante cose in una volta sola. Prima giocava con i mattoncini da costruzione, poi li faceva cadere con rabbia. Poi andava in cucina a prendere un bicchiere d'acqua e ritornava di corsa in soggiorno a sedersi davanti al televisore. In seguito si alzava un'altra volta per tirare fuori da un cassetto colori e pennelli. Tutto ciò avveniva nell'arco di pochi minuti. Il suo comportamento mi snervava e la mia pazienza finiva presto, quando per l'ennesima volta egli si rendeva conto di non sapere che cosa volesse esattamente. Anch'io non riuscivo proprio ad aiutarlo a mettere più calma e ordine nelle sue attività.»

A volte occorre raggiungere il risultato con piccoli espedienti. Ma i vostri rampolli vi saranno grati, più avanti nella vita, per aver dato loro il senso dell'ordine e della puntualità.

Migliorare la concentrazione e la consapevolezza

Un'amica spiegò alla madre 'stressata' la strategia seguita per ottenere che suo figlio, Pietro, si fermasse più a lungo sulla medesima attività. Giocava spesso con lui, e così ne aveva approfittato per insegnargli un rituale che lei stessa aveva appreso da bambina.

«Mia madre giocava spesso con me quando ero piccola. Allora aveva molto più tempo di quanto non ne abbia io oggi. Mi insegnava anche a riporre i giocattoli prima di incominciare un'altra attività. Diceva: 'Allora, prima mettiamo via tutto, dopo potrai fare qualche altra cosa!' Così mi aiutava a riporre, per esempio, i mattoncini da costruzione, e mi insegnava con precisione come dovevano essere disposti nella loro scatola. Con il tempo, questo ottenne l'effetto di non farmi cambiare gioco

tanto spesso, perché non avevo voglia di mettere in ordine prima di iniziarne un altro. Se invece ero disposta a sistemare le mie cose, passava comunque un po' di tempo prima che io potessi iniziare a fare altro. In questo modo, in ogni caso, le mie azioni si svolgevano con maggiore calma. A mio figlio è successo lo stesso. Dopo solo un paio di volte in cui ho sperimentato questo sistema, lui stesso è stato il primo a dirmi: 'Dài, mamma, prima mettiamo via, e dopo facciamo un altro gioco!'»

Insegnare a vostro figlio sequenze di azioni che si ripetono regolarmente secondo un certo rituale lo aiuta a **imparare comportamenti nuovi**, come per esempio mettere in ordine. D'altra parte esse costruiscono contemporaneamente degli schemi operativi nel suo cervello che gli serviranno a imparare come comportarsi nel futuro in situazioni analoghe. Dunque, quando voi venite in aiuto a vostro figlio con un rituale, non gli insegnate solamente a essere più razionale nel suo comportamento e a trovare maggiore calma, ma favorite anche il suo sviluppo cognitivo.

Esercitare il pensiero logico e la memoria

Ogni volta che mostrate qualcosa a vostro figlio, nel suo piccolo cervello si avvia una sequenza di pensieri concatenati. In questo processo **il bambino si rifà in parte a sequenze comportamentali innate** (per esempio i riflessi), **in parte crea qualcosa di completamente nuovo**. I neuroni (cellule nervose) del cervello entrano in contatto fra loro. Si scambiano informazioni, e di conseguenza compiono un determinato percorso la cui direzione è condizionata dai cosiddetti neurotrasmettitori. Queste ultime sono sostanze che stabiliscono, per esempio, se un determinato pensiero debba proseguire oppure no. Considerate l'esempio di prima: Stefano prima voleva giocare con i mattoncini da costruzione, poi guardare la televisione, e successivamente dipingere. Però non riusciva a soffermarsi su nessuna di queste attività. Nel suo cervello non si erano ancora create connessioni logiche fisse per sequenze di gioco stabili. Solo dopo che sua madre gli insegnò i piccoli rituali per mettere a posto, l'ordine comparve anche nei pensieri del bambino. Tramite l'esempio della madre, il suo cervello imparò a installare nella memoria concatenazioni di pensieri e sequenze di azioni ben precise. Qualora fosse necessario, e il bambino ravvisasse delle **analogie**, egli potrebbe **richiamare queste sequenze** e procedere allo stesso modo seguendole anche in altre circostanze.

Pensare in maniera autonoma è il primo passo per agire in maniera autonoma. Anche qui i rituali possono contribuire in modo rilevante, perché danno sicurezza e sostegno.

Favorire l'autonomia

Sicuramente anche voi starete cercando, con gli strumenti educativi che conoscete, di favorire l'autonomia di vostro figlio. Ciò non è utile solamente a lui, ma anche a voi stessi; infatti, i bambini più autonomi non hanno bisogno di tutta la sorveglianza che è invece necessaria a quelli che non se la sanno cavare da soli. Ciò significa che **la maggior parte delle attività educative è utile sia ai genitori, sia ai bambini**. È questo il caso anche di molti rituali con i quali voi potete favorire l'autonomia di vostro figlio nelle varie fasi della crescita.

«Anche quando mia figlia Caterina era già abbastanza grande (aveva circa 6 anni), era raro che mi azzardassi a farle fare qualcosa da sola. Avevo troppo timore che potesse succedere qualche inconveniente. Inoltre pensavo che la bambina non avesse sufficiente autonomia, e dovesse sempre dipendere da me. Pensavo: 'Se non avesse la sua mamma che l'aiuta, sarebbe completamente persa'. Oggi capisco che avevo anche paura che Caterina diventasse troppo indipendente, perché allora probabilmente non mi sarei sentita così necessaria!»

È comprensibile che alcune madri **temano l'indipendenza** dei loro bambini. Forse anche voi provate lo stesso sentimento, tuttavia non c'è alcun motivo di preoccuparsi: è una reazione del tutto normale. Esistono diversi piccoli riti che possono aiutarvi a superare queste paure e incoraggiare vostro figlio a diventare più autonomo. La fase in cui vostro figlio sente maggiormente questi impulsi verso l'indipendenza è la cosiddetta 'fase oppositiva', quella in cui il bambino costruisce il proprio Io.

Molti bambini sperimentano ogni giorno come gli adulti non affidino loro quasi nessun compito da svolgere autonomamente. In questo modo, è difficile che essi sviluppino un sano senso di autostima.

Rituali per ogni fase evolutiva

In realtà non è così vero che lo sviluppo del bambino avviene 'in fasi' o 'per gradi'; si realizza piuttosto in un **processo continuo**. Ma per la pratica quotidiana può essere utile semplificare, introducendo ipotetici livelli di sviluppo dei bambini. In questo modo vi sarà possibile comprendere meglio alcuni comportamenti e prepararvi ad affrontarli. In diversi periodi della sua vita il bambino dimostra un atteggiamento di sfida, fra il secondo e il quinto anno di età. Questo potrebbe dare origine **a un comportamento problematico** per voi e per vostro figlio, oppure no; dipende anche dal modo con cui reagite. Con l'aiuto di parecchie delle proposte di questo libro potete intervenire in molte delle fasi evolutive di vostro figlio. Persino nelle difficoltà di apprendimento che potrà incontrare più tardi a scuola alcuni piccoli riti potranno essere utili per aiutare vostro figlio a superare le difficoltà (*vedi* il capitolo 'Rituali per lo studio').

I genitori consapevoli dovrebbero sempre valutare attentamente le richieste di autonomia dei bambini: per molte potrebbe essere troppo presto, e molte altre potrebbero rivelarsi per il momento pericolose.

Educarlo all'autonomia nella fase 'oppositiva'

Buona parte degli sforzi che il bambino compie per guadagnare una sua indipendenza avvengono fra il secondo e il quinto anno di età. Si tratta quindi di **anni importantissimi** per lo sviluppo del bambino. Molti genitori considerano questa una fase molto difficile, in cui spesso sorgono numerosi problemi. Eppure non deve necessariamente essere così; infatti con alcuni semplici rituali potete aiutare voi stessi e vostro figlio a trascorrere questo periodo in modo costruttivo.

«Mio figlio Carlo a 2 anni divenne insopportabile. Aveva pretese impossibili. Non passava giorno che non pestasse i piedini a terra con rabbia, insistendo cocciuto su qualcosa che non poteva avere! Spesso questo succedeva anche in pubblico, per esempio quando andavamo a fare la spesa, ed era molto penoso per me.»

Forse ricordate anche voi situazioni simili. Moltissime madri conoscono fin troppo bene queste reazioni: nel normale sviluppo del bambino esse avvengono **quasi ogni giorno**. Tuttavia, il fatto che queste situazioni possano diventare un peso per voi e il vostro bambino dipende non poco dal modo in cui cercate di risolverle. La prossima volta provate a comportarvi in tutt'altra maniera.

Nelle situazioni di conflitto fra bambini e genitori c'è sempre una possibile via di mezzo. Occorre abituarsi presto a cercarla e trovarla.

Conservare la calma e cercare un accordo

Non è necessario che siano sempre i genitori a vincere e i figli a perdere. Può anche andare diversamente. In molte situazioni è possibile, con un poco di buona volontà, **mettersi d'accordo** con il bambino: basta che siano rispettate alcune piccole regole del gioco. Può funzionare anche con i bambini molto piccoli.

«Un paio di settimane fa lasciai un libro d'arte su Van Gogh, molto prezioso, sul tavolo del soggiorno. Mi venne un colpo quando vidi Martina, la mia bambina di 3 anni, che strappava le pagine del libro a una a una.»

Molte madri in una situazione del genere avrebbero avuto una reazione di panico, e magari avrebbero tolto bruscamente il libro dalle mani della loro bambina facendole poi una bella ramanzina. Il fatto che ai bambini piace molto strappare la carta in questi casi può diventare fonte di guai. Che cosa si può fare allora? Spiegate a vostra figlia che questo libro a voi piace molto, e che perciò non volete che gli succeda niente di male. Forse anche lei ha un libro che le è altrettanto prezioso; citateglielo allora come esempio e confronto. Poi dovreste dimostrarle comprensione per l'impulso di strappare i fogli di carta, e quindi offrirle un altro volume di minor valore, per esempio un vecchio elenco telefonico, oppure un giornale vecchio con cui giocare tranquillamente. Il trucco è: 'Mediare invece di proibire'. Non dite: «Questo non lo puoi fare!», e non minacciate i vostri figli con il dito levato, cosa che generalmente scatena le più violente reazioni di opposizione; fate presente loro, invece, che capite, ma che avete un'idea migliore. Poi offrite loro la vostra alternativa. Questo semplice **principio della mediazione** può essere applicato sia ai bambini piccoli, sia a quelli più grandi; a qualsiasi età favorisce l'evoluzione del bambino più della sterile proibizione. Constaterete molto presto che su questa base potrete innestare facilmente un altro rituale.

Mediare invece di proibire

«Oggi con i nostri figli noi discutiamo di molte cose, che una volta i nostri genitori avrebbero semplicemente proibito»: questo è ciò che sostengono molti papà e mamme.

«Io e mio marito, per esempio, abbiamo insegnato a nostra figlia Ivana assai presto a scendere a patti con noi. Ciò ci ha re-

so più semplice educarla. Raramente avevamo bisogno di divieti. Tutto iniziò quando era molto piccola, con il problema dell'orario per andare a letto, fissato per le otto di sera. Quando voleva stare alzata ancora un po', le proponevamo questo: poteva trattenersi un altro quarto d'ora, ma poi sarebbe dovuta andare a dormire senza brontolare e senza alzarsi più. Dopo qualche tentativo, la cosa funzionò; ci voleva dimostrare di essere già grande. Più tardi, una volta divenuta adolescente, facevamo fondamentalmente la stessa cosa: solamente, non si trattava più di stare alzata ancora un quarto d'ora, ma di tornare due ore più tardi dalla discoteca. Quando avanzava una richiesta di questo genere, rispondevamo: 'Ci piacerebbe che tu andassi bene a scuola. Se nel prossimo compito di matematica prendi un bel voto, puoi decidere da sola a che ora tornare a casa nel prossimo fine settimana!'»

Spesso i divieti sono l'ultimo strumento di potere di genitori disorientati, e i figli tentano di sgattaiolare via da ciò che non condividono. Purtroppo, non è questo il modo di risolvere i problemi.

Perché i rituali sono necessari ai bambini

- Possono aiutarli ad apprendere più facilmente.
- Regolano il corso della giornata.
- Sono piccoli punti di riferimento.
- Danno sicurezza.
- Danno fiducia nelle proprie possibilità.
- Aiutano a diminuire le paure.
- Rinforzano i legami familiari.
- Rappresentano un sostegno.
- Forniscono spazi per la creatività.

Che cosa sono di preciso i rituali?

I rituali che praticamente tutti conoscono sono quelli propri delle cerimonie religiose, o le preghiere mirate a determinati scopi. Parte dei riti religiosi, come per esempio il battesimo, in alcune culture assumono ruoli particolarmente importanti, poiché attraverso di essi il piccolo individuo prende il suo posto all'interno della comunità. Ma i rituali hanno anche altre funzioni.

Essi possono regolare lo svolgersi della giornata e perciò **creare ordine e stabilità**.

Sono soprattutto uno strumento importante per trasmettere **sicurezza e fiducia** al bambino.

Lo svolgimento regolare delle attività crea fiducia

La caratteristica peculiare del rituale è il fatto che si svolge secondo **regole fisse e ben definite**. La certezza del ricorrere di determinati comportamenti dà a vostro figlio sicurezza e conforto. La ripetizione aumenta con il tempo la fiducia nello svolgimento sempre costante di una serie di azioni. Se a ogni pasto trattate il vostro bambino neonato sempre nello stesso modo, rendendo la poppata quasi un piccolo rituale, è come se a vostro figlio comunicaste: «Quando hai fame io sono qui per te!» Il vostro piccolo sente che voi soddisfate i suoi bisogni in modo prevedibile e affidabile.

Con il passare del tempo il bambino impara che lo svolgimento della poppata è sempre lo stesso: se schiaccio il naso contro il seno caldo, arriva il latte. Queste sequenze comportamentali ricorrenti si sovrappongono anche a **modelli istintivi**, come per esempio il riflesso di suzione, che fanno già parte del corredo genetico con cui viene al mondo il bambino. Perciò il comportamento istintivo si collega successivamente, attraverso la ripetizione costante, con il nuovo comportamento, ed ecco che il bambino ha imparato qualcosa. Egli registra questa successione, e il fatto che essa si ripeta più volte il giorno crea in lui fiducia e sicurezza.

Il bambino piccolo è completamente dipendente da una figura di riferimento. La paura istintiva, estremamente forte, di essere abbandonato può essere contrastata con rituali adatti.

Abitudini che uniscono

«Avevo preso l'abitudine di strofinargli sempre il nasino prima della poppata. Quando una volta me ne dimenticai, perché ero stata distratta da un incidente avvenuto davanti a casa ed ero molto nervosa, mio figlio incominciò immediatamente a piangere.»

Se dunque la sequenza familiare viene interrotta anche una sola volta, il bambino sente subito che 'qualcosa non va!' e incomincia a piangere, perché lo svolgimento a lui noto non avviene secondo gli schemi. Se la variazione viene eliminata, il bambino ritorna altrettanto rapidamente alle abitudini tipiche della poppata con assoluta serenità.

Imparare a svolgere operazioni complesse

Determinati rituali mirati all'apprendimento possono essere utili per strutturare meglio sequenze di operazioni complesse. In questo modo i bambini piccoli possono imparare a mangiare con il cucchiaio, e quelli un po' più grandi a maneggiare coltello e forchetta. Ma i rituali per l'apprendimento possono essere introdotti anche per indossare i vestiti oppure costruire una torre; hanno cioè molteplici applicazioni, e possono essere utilizzati con grande vantaggio a qualsiasi età.

Nel vostro ruolo di genitori avete la possibilità di escogitare tutta una serie di piccoli riti di questo tipo che favoriranno il processo di apprendimento e che potranno **accelerare l'avvicendamento delle fasi evolutive** di vostro figlio a volte anche in modo significativo.

Oltre agli aspetti educativi, i rituali contengono anche elementi di gioco. Perciò non è raro che dalle 'riunioni familiari' nel letto dei genitori la domenica nascano delle grandiose 'battaglie di cuscini'.

Maggiore sensibilità per il trascorrere del tempo

Se per esempio la domenica mattina vi fa piacere indugiare a letto a giocare con i vostri figli, approfittatene per aiutarli a comprendere meglio, quasi senza che se ne accorgano, una sovrastruttura astratta come può essere la divisione dell'anno in settimane. Anche i festeggiamenti per un compleanno rappresentano un altro rituale strutturale, in grado di trasmettere pure a bambini molto piccoli una maggiore sensibilità per il trascorrere del tempo.

Un aiuto per l'elaborazione dei problemi

«Mia figlia Marina (17 mesi) un giorno cominciò un piccolo rituale, molto evidente, che dapprima però non riuscivo a interpretare. Veniva da me con un secchiello pieno di formine, e mi salutava con un: 'Ciao'. Agitava la manina e se ne andava. Dopo un paio di minuti tornava e diceva: 'Qui', che voleva dire appunto che era di nuovo lì. Poi il rituale ricominciava daccapo.»

Al primo sguardo questo rituale sembra essere solamente un altro piccolo gioco che fanno tanti bambini di questa età. Eppure dietro si nascondeva molto di più. Ma questo lo possiamo capire con precisione solo se **ci interessiamo a fondo** della situazione che i bambini, nel nostro esempio Marina, vivono in un determinato momento.

I suoi genitori si erano appena separati, e Marina trascorreva ogni fine settimana alternativamente con uno dei due. Dunque la bambina rappresentava nel gioco l'andare e venire dei genitori. In questo modo ne elaborava la separazione, e lo faceva in senso positivo; infatti, naturalmente, in questo rituale non era tanto importante l'andare via, quanto il tornare sempre. Nel suo gioco apparentemente senza importanza Marina si confrontava con la realtà, e si rassicurava del fatto che anche se i suoi genitori andavano via, essi sarebbero sempre tornati. Si trattava quindi di un rituale che la piccola metteva in atto per tenere a bada l'ansia provocata dalla minaccia incombente della separazione, e per trasformarla in un evento positivo.

Spesso i bambini assumono molto volentieri i ruoli più disparati, che talvolta rappresentano con una certa esagerazione. I genitori non dovrebbero liquidare questi comportamenti ritenendoli 'cose da bambini'. Quasi sempre dietro a certi giochi infantili si nasconde un modo di affrontare la realtà che i piccoli stanno vivendo: un aspetto da considerare.

RITUALI PER INIZIARE LA GIORNATA

Strutturare la vita di ogni giorno

Viviamo in un'epoca in cui spesso ci lamentiamo che molte tradizioni sono andate perdute, e che ai nostri figli sono rimasti pochi valori e poche regole. Tuttavia, per poter vivere bene in questo mondo che cambia sempre più rapidamente, vostro figlio deve acquisire la **capacità di sapersi orientare**, e questo può essere facilitato con l'aiuto di rituali che si distribuiscono lungo tutto l'arco della giornata. Anziché lamentarci della scomparsa di ideali e valori, dovremmo piuttosto preoccuparci di dare ai nostri figli dei buoni criteri di orientamento. Non è necessario intraprendere azioni sensazionali: con alcune semplici consuetudini voi potete dare a vostro figlio delle strutture chiare che lo accompagneranno tutta la vita. Bastano piccoli accorgimenti da inserire facilmente nella vita di tutti i giorni per aiutare vostro figlio sin dalla primissima infanzia, e durante tutto l'arco della giornata, **a muoversi meglio nel mondo degli adulti**.

Non dovremmo farci sempre trascinare dal vortice della nostra vita frenetica. In questo senso, i rituali possono costituire un utile freno.

I piccoli riti determinano il clima familiare

«Mi piacciono i piccoli riti. Mi ricordano i bei tempi della mia stessa infanzia, che non vorrei dimenticare e che mi piacerebbe trasmettere anche ai miei figli.»

I rituali che strutturano la vita quotidiana dipendono direttamente dalle **piccole attività di ogni giorno**. Per esempio, chi, come e quando si alza la mattina, chi va in bagno per primo, come si svolge la colazione, quali pasti si consumano insieme durante la giornata, come si trascorre la serata o come si 'annuncia' il fine settimana sono tutti rituali che in una famiglia si ripetono sempre uguali o simili.

Il fatto di dare loro una forma piacevole e amorevole, oppure semplicemente di sbrigarli, o di farli svolgere in maniera caotica, ha **effetti differenti** sul benessere dell'intera famiglia. Fate in modo che il corso della giornata sia scandito da rituali affettuosi. Il modo in cui iniziate e finite la giornata insieme contribuisce al benessere di vostro figlio, e anche voi vi potete sentire più soddisfatti. Per riuscirci è sufficiente un poco di buona volontà e la disponibilità a **strutturare la vita quotidiana** secondo piacevoli consuetudini, che aiutano a creare un'armoniosa convivenza in famiglia.

Quando volete introdurre qualche piccolo rito nella vostra giornata, dovete tener conto anche delle esigenze dei vostri figli. Che cosa impedisce, per esempio, che vostro figlio la mattina, invece di prendere un tè caldo, qualche volta beva del latte freddo, oppure che vostra figlia, ogni tanto, per cena mangi solamente uno yogurt, se il pranzo di mezzogiorno è stato sufficiente?

Trovare il rituale giusto

Nelle pagine seguenti trovate indicata una serie di proposte con l'aiuto delle quali, se lo desiderate, potete strutturare meglio tutto il corso della giornata, per voi e per il vostro bambino. Fate attenzione, però, a che si integrino senza problemi con gli impegni di tutti i membri della famiglia, e che non diano l'impressione di essere **imposizioni artificiose**. Cerchiamo di non seguire rituali fini a se stessi. Se per esempio la mattina ciascuno deve uscire a un orario diverso sarebbe inutile voler 'celebrare' il 'rito della colazione comune'. Ciò aggiungerebbe altro stress alla fretta, e sarebbe controproducente. In una famiglia di questo tipo sarebbe invece molto meglio, e anche più realistico, introdurre il 'rito' della colazione durante il fine settimana, quando tutti possono partecipare. Infatti, i rituali sono tanto più efficaci quanto più riescono ad **adattarsi all'organizzazione della giornata**, perciò potete incominciare a riflettere con calma sul modo giusto di renderli compatibili con i vostri impegni quotidiani. Può essere utile provare a rispondere alle seguenti domande.

I rituali più adatti alla vostra giornata

- Decidete quale risultato volete ottenere utilizzando un apposito rituale. Per esempio, che cosa manca nella struttura della vostra giornata? Avete bisogno di calma e regolarità, o invece di maggiore attività e ulteriori stimoli? Desiderate più momenti in comune, oppure vi state già fin troppo addosso l'un l'altro?
- Riuscite ad adattare il rituale che avete scelto a qualche altro precedente che vostro figlio sta attualmente praticando?
- Dopo averlo provato, potete stabilire se contribuisce a favorire lo sviluppo del vostro bambino, o invece sarebbe opportuno cambiarlo con uno più adatto a lui?
- Vi accorgete che si inserisce bene nell'organizzazione della giornata, oppure vi rendete conto che ne disturba lo svolgimento, interrompendola in modo magari stridente?
- Se non si adatta al normale corso della giornata, riuscite a modificarlo in modo che vi si inserisca meglio?

Alzarsi la mattina

Che bello, quando la mattina si può dormire finché si vuole! Questo vale per noi adulti, ma anche per i bambini. In realtà quasi sempre il dovere chiama: i genitori lavorano, i bambini devono andare all'asilo o a scuola. Spesso alzarsi è un peso, per i più piccoli; non vedono le ragioni recondite per cui non dovrebbero indugiare al calduccio nel loro letto, dove si sta tanto bene.

Qualche volta i genitori, per venire incontro a questo desiderio, li svegliano solo all'ultimo momento; perciò è necessario che poi tutto si svolga nel modo più rapido e lineare possibile. Non è raro, però, che i bambini decidano di non collaborare, mostrandosi magari cocciuti e piagnucolosi. Sarebbe meglio invece abituare vostro figlio ad alzarsi un po' prima, per avere più tempo da dedicare a un rituale del risveglio che gli possa rendere meno traumatico il passaggio dalla notte al giorno. Una semplice regola di massima può essere questa: più il bambino è piccolo, più **giocoso** deve essere il risveglio.

Lasciare il letto caldo e sicuro ogni mattina è dura. E allora, perché non ingentilire questo primo 'spavento' della giornata con un piccolo rito che il bambino possa addirittura aspettare con piacere?

Svegliare con affetto i bambini più piccoli

La mattina Claudia entra piano nella cameretta di sua figlia Cristina, di 4 mesi e accende la luce. Le tocca una guancia e la accarezza. Poi le dice: «Buongiorno, tesoro!»
Aspetta che la piccola abbia aperto gli occhi, quindi la prende dolcemente in braccio, la mette sul fasciatoio e intanto le parla. Le spiega che cosa accadrà: «Adesso togliamo il pannolino e puliamo il sederino». Fa in modo di mantenere un tono calmo e costante, e parla a voce bassa. La bambina si abitua alla voce calma della mamma, ed è tranquilla e soddisfatta. Il vantaggio di questo piccolo rito del risveglio è che, con minime variazioni, esso può essere adattato via via all'età di vostro figlio senza dover cambiare la procedura nella sostanza.

Potete dare sfogo a tutta la vostra fantasia per il rituale del risveglio. Il bambino piccolo probabilmente reagisce meglio alle paroline dolci, quello più grande forse ha bisogno di un'overdose di musica rock; magari a vostra figlia piace farsi fare le 'coccole' dal gatto di casa...

Come svegliare i più piccoli

- Possibilmente, fatelo sempre alla stessa ora, e con un buon anticipo rispetto alla vostra tabella di marcia.
- Se talvolta vi capita di dover fare in fretta e di essere nervosi, calmatevi, prima di svegliare vostro figlio, altrimenti potreste facilmente innervosire anche lui.
- Lasciate al bambino il tempo necessario per passare dal sonno alla veglia senza traumi.
- Quando lo cambiate o lo vestite, evitate i movimenti bruschi e la fretta, e parlate a bassa voce.
- Abituate poco per volta il bambino alla luce; mentre lo vestite potete accendere una lampada dalla luce soffusa, oppure aspettate ancora qualche minuto prima di alzare completamente le tapparelle.
- Non dimenticate di lodare vostro figlio quando si comporta come piace a voi.

Quando i bambini non si vogliono alzare

«Era già da tempo che mi arrabbiavo perché Anna, 3 anni, la mattina non si voleva alzare, nemmeno dopo un po' che l'avevo svegliata. Poi un'amica mi convinse a parlare la sera con la bambina del giorno successivo, e di prepararla in questo modo all'idea del risveglio.»

Il desiderio di rimanere a letto è un **problema molto diffuso**. È qualcosa per cui dovreste avere rispetto; in fondo, tutti conosciamo il problema anche per esperienza personale. Chi non resterebbe volentieri a letto un po' più a lungo la mattina, invece di alzarsi? Ma, a differenza di voi, vostro figlio non ha ancora uno spiccato senso del dovere che lo aiuta a vincere questa tentazione. I bambini piccoli mirano ancora totalmente al proprio benessere, ed è bene che sia così. Dovete anche considerare che **non tutti hanno lo stesso carattere**: alcuni appena alzati sono già svegli come galletti, altri hanno bisogno di tempi di avvio un po' più lunghi. Anche gli adulti sono diversi fra loro: ricordatevene.

Potete giocare con vostro figlio mettendovi accanto al letto, facendo facce buffe o dicendo battute spiritose, oppure promettergli qualcosa di allettante, magari per la colazione. Ciò che importa è che gli facciate 'venir voglia' di affrontare questa giornata: allora alzarsi non è più così faticoso.

Così è più facile

Cercate di svegliare sempre i bambini piccoli **in modo giocoso**. Non temete di fare i buffoni: aiutatevi con un burattino o una marionetta, contraffacendo la voce, oppure avvicinatevi al letto del bambino camminando a gattoni. Non ci sono limiti alla fantasia.

Il bambino si alza più volentieri se sa che durante la giornata accadrà **qualcosa che a lui piace**. La sera prima, o anche la mattina stessa, sedetevi accanto al suo letto e spiegategli come si svolgerà la giornata: «Oggi c'è il sole, quindi puoi metterti i sandali nuovi. Oggi per pranzo c'è la pasta al forno, che ti piace tanto. Nel pomeriggio andiamo dalla nonna. Papà torna a casa un po' prima e ti porta ancora al campo di calcio…»

Potete anche provare con quest'altro piccolo rito, in cui comunicate per prima cosa al bambino che **avete bisogno del suo aiuto**. La mattina entrate silenziosamente nella sua camera, e accendete la luce. Poi salutatelo con un allegro: «Buongiorno! Oggi dobbiamo sbrigarci, perché la mamma ha in mente una cosa. Però devi aiutarmi, se no da sola non ce la faccio!»

È importante soprattutto **non barare**; infatti il bambino nota subito se non fate sul serio. Da un punto di vista realistico, questo potrebbe anche non costituire un problema; difatti nella gran parte delle famiglie il tempo è poco, e le madri hanno veramente bisogno della collaborazione dei membri della famiglia affinché tutto vada liscio e senza problemi e la giornata non cominci subito con una 'catastrofe'.

Quando è la paura a bloccarlo

«Sibilla, 6 anni, all'inizio non aveva voglia di andare a scuola. Ogni mattina faceva una scenata, e non si voleva alzare per nessuna ragione!»

La madre di Sibilla si lamentò in continuazione con sua figlia per un lungo periodo, finché capì che cosa non andava.

«Mia figlia aveva paura di andare a scuola, ma davanti a me non lo voleva ammettere.»

Se vostro figlio si rifiuta ostinatamente di fare qualcosa, generalmente è per un **motivo serio**. Spesso si tratta di una paura che non vuole confessare, o che non riconosce nemmeno lui stesso.

Molti bambini reprimono le proprie paure a tal punto da non riuscire più ad accorgersene. In questi casi, si tratta di scoprire che cosa sta succedendo veramente al bambino, e questo riesce meglio se **parlate direttamente** con vostro figlio. Forse si sente solamente insicuro percorrendo la strada fino alla scuola, e vorrebbe che voi lo accompagnaste ancora per un certo periodo. Forse anche voi pretendete troppo da vostro figlio, o siete troppo impaziente quando lo aiutate a fare i compiti e non tutto funziona come vorreste. O forse il problema sta da un'altra parte; non è raro infatti che durante l'intervallo nel cortile della scuola i bambini vengano minacciati da altri compagni. Non abbiate timore di **parlare con un insegnante** e di chiedergli collaborazione; infatti le difficoltà incontrate da vostro figlio possono non essersi ancora manifestate chiaramente.

È possibile aumentare l'autostima dei bambini
che hanno paura degli altri o delle situazioni esterne
alla famiglia continuando a parlare con loro
delle loro capacità e dei loro punti di forza.
Attenzione, però: i genitori devono assolutamente dare
l'impressione di pensare seriamente ciò che dicono.

Esercizi di autosuggestione contro la paura

Se la 'paura della scuola' sta semplicemente nel fatto che al bambino manca la necessaria fiducia in se stesso, dovete cercare di **dargli coraggio** con un esercizio per combattere questo timore.

Iniziate, mentre magari aiutate vostro figlio a vestirsi, a domandargli: «Come sei tu?» E suggerite al bambino la risposta che dovrebbe dare: «Sono forte!» Poi fategli un'altra domanda: «E che cosa fanno i bambini forti?» La risposta dovrà essere: «Fanno un bel respiro profondo!» Dopo il respiro, domandate ancora: «Che cosa dicono i bambini forti?» La risposta sarà: «Io sono forte!» Questo rituale si può cambiare se al bambino, per esempio, sembra di essere troppo basso. Allora si deve domandare: «Quanto sei alto?» La risposta diventerà: «Sono alto così!», e dicendo questo il bambino dovrà alzare le mani verso l'alto.

Si tratta di insegnare i vari punti poco per volta, per poi ritualizzarli per mezzo della ripetizione. Più avanti vostro figlio riuscirà ad applicare questo rituale in **qualsiasi situazione di paura**. Ricordate però che va appreso in un momento in cui il bambino è **tranquillo**, altrimenti potrebbe non avere alcun effetto positivo.

Spesso discutere di 'destini' simili tratti dalle storie
o dalle favole è uno strumento educativo veramente
efficace. In questo modo i bambini comprendono meglio
determinate relazioni a seconda dei contesti, e possono
inoltre solidarizzare con qualcun altro.

Svegliare i più grandicelli

«Il maggiore dei miei figli, Franco, di 13 anni, non voleva mai alzarsi dal letto. Ero quasi disperata. Si riaddormentava sempre,

e spesso la mattina da noi era un inferno, perché poi mi arrabbiavo con lui dal momento che, oltre tutto, mi rimproverava anche per averlo lasciato dormire.»

Le madri, come tutti i genitori in generale, oggigiorno vengono ritenute **responsabili di tutto**. I figli, soprattutto se maschi, hanno una notevole dimestichezza con questa tecnica. Ma non vi irritate per questo; in certi casi, occorre soprattutto rimanere coerenti su una linea: «La responsabilità di alzarti all'ora giusta la mattina è tua. Se vuoi, però, ti posso insegnare un paio di trucchi per non riaddormentarti».

Arrivare a scuola puntuali la mattina a volte diventa un problema serio. Se i ragazzi hanno l'età giusta potete appellarvi al fatto che sono 'grandi', e responsabilizzarli affinché saltino fuori dalle coperte per tempo. Naturalmente devono anche sopportare in prima persona le conseguenze se si addormentano o se indugiano a letto «ancora cinque minuti»...

Quando possono essere utili i rituali del risveglio

- Contribuiscono a introdurre il bambino con piacevole gradualità al nuovo giorno; catapultarlo di punto in bianco nelle attività frenetiche della mattinata sarebbe per lui un trauma.
- La regolarità nello svolgimento delle attività della mattina fa sentire il bambino più protetto.
- Se svegliate vostro figlio sempre alla stessa ora, egli imparerà ad adattarsi a determinate strutture temporali. Si orienterà prima verso un ritmo sonno-veglia regolare.
- I rituali del risveglio adattati a mano a mano alla sua età portano vostro figlio poco per volta verso un comportamento indipendente e responsabile, e conseguentemente gli insegneranno a rispettare la puntualità.

Quando i figli si alzano da soli la mattina

Se vostro figlio è ancora piccolo, probabilmente vi sveglierà a un'ora della mattina in cui vi piacerebbe girarvi dall'altra parte nel letto e continuare a dormire. **Alzarsi è problematico** prevalentemente per i ragazzini più grandi e per gli adolescenti. Mentre voi siete già stati in bagno e state preparando il tavolo per la colazione, nonostante la luce e il rumore delle stoviglie che gli giungono attraverso la porta aperta della camera, vostro figlio indugia a letto, beato nel suo dormiveglia. Più si fa tardi, più volte siete costretti a chiamarlo, e più diventate nervosi. Non è raro che si arrivi a liti e discussioni: non si tratta certo di un buon inizio di giornata!

Per alcuni bambini non è mai ora di andare a letto. Si ricordano improvvisamente che devono ancora fare un compito, che volevano scrivere una lettera o che alla televisione c'è un programma che non possono assolutamente perdere. Se vostro figlio ha un televisore in camera sua, naturalmente si sottrae al vostro controllo. Non potete sapere se sta guardando la televisione mentre voi dormite tranquillamente da un pezzo.

- Dai 13 anni in poi i ragazzi devono essere in grado di alzarsi da soli utilizzando **la sveglia**. Potete rendergli la cosa più gratificante facendogli capire che adesso è 'grande' e che può svegliarsi da solo. Se vostro figlio realizza che questo è un segno del suo diventare adulto, tenterà di farlo senza il vostro aiuto. E chi, a 13 anni, vuole essere trattato ancora come un bambino?
- Spiegate a vostro figlio che il tempo che passa fra il suono della sveglia e l'alzarsi dal letto deve **rimanere sempre lo stesso**, perché a lungo andare diventa un automatismo.
- Rivelategli che il segreto dell'uso della sveglia sta nel metterla fuori portata di mano, cioè **lontano dal letto**, in modo che sia necessario alzarsi per spegnerla.
- Non dimenticate di **elogiare generosamente** vostro figlio, e di gratificarlo, quando si alza da solo.

IGIENE PERSONALE E ALIMENTAZIONE

L'igiene può diventare un gioco

«Ero al sesto mese di gravidanza quando andai a trovare un'amica ed ebbi occasione di farle compagnia mentre lavava e fasciava il suo bambino. Rimasi assolutamente stupita di ciò che seppe inventare. Fino ad allora avevo sempre pensato che il cambio del pannolino fosse semplicemente un'incombenza necessaria, e anche piuttosto spiacevole.»

Il cambio del pannolino può diventare un'occasione importante per approfondire il rapporto fra madre (o padre) e figlio, se si fa attenzione ad alcuni dettagli. **Dividete** il processo di lavare, fasciare e vestire il bambino **in attività diverse e ben distinte**, che trasformerete, con il gioco, in un rituale fisso. Ricordatevi, come per tutti gli altri rituali, di strutturare le diverse sequenze di movimenti in modo che rimangano sempre uguali nel tempo. Senza troppa fatica potete anche insegnare a vostro figlio come si chiamano le diverse parti del corpo o gli oggetti che utilizzate nominandoli al momento giusto durante le operazioni che eseguite. «Adesso alziamo piano la testolina. Togliamo il golfino. Mettiamo un po' di crema sul sederino...» Ancora lattante, vostro figlio **impara** piano piano i nomi delle varie parti del corpo, e anche **a classificare sensazioni**, come per esempio quella di sentirsi sfilare un golfino.
Quando avete spogliato il bambino, e se la stanza è calda a sufficienza, potete fargli un leggero massaggio sulla pancia, sempre come se fosse un gioco. Il massaggio rinforza nel bambino la percezione del proprio corpo, migliorandone inoltre le funzioni digestive.

Recenti ricerche scientifiche hanno dimostrato
che il contatto fisico affettuoso può favorire lo sviluppo
dell'intelligenza emotiva. L'igiene quotidiana quindi
può offrire ottime possibilità in questo senso.

Come accudire i neonati

- Cercate di trasformare le operazioni normalmente necessarie in una serie di piacevoli attenzioni per il suo corpo.
- Commentate i gesti che fate e pronunciate il nome delle parti del corpo che toccate.
- Più vi occupate di vostro figlio accarezzandolo con dolcezza, più ne favorirete lo sviluppo.
- Potete praticargli anche dei leggeri massaggi, oppure fargli compiere qualche semplice esercizio, come per esempio piccoli movimenti con le braccia e con le gambe.

I bambini devono diventare indipendenti. I rituali
di gioco aiutano a spartire le operazioni fra genitori
e figlio finché quest'ultimo non è in grado di occuparsi,
per esempio, della propria igiene personale
completamente da solo.

I bambini piccoli possono già lavarsi da soli?

«Cristiano, 3 anni, la mattina vuole già lavarsi da solo. Io penso che non ne sia capace, perciò cerco sèmpre di lavarlo io, il che non gli piace, e quindi vi si oppone. Lo devo forzare o è meglio lasciare che faccia come vuole?»

Talvolta vi sentite pressati dalle esigenze di vostro figlio e non sapete come comportarvi. È chiaro che Cristiano non sarà pulito come quando lo lavate voi, ma forse può essere utile qualche piccolo rito per **dividersi le 'operazioni' giocando**

- Per esempio, è possibile permettere che il bambino inizi il bagno **giocando nella vasca con una barchetta**. A un certo punto, il 'capitano' attracca nel 'porto'; in questa pausa, la mamma ne approfitta per insaponare bene le mani del bambino. Il risciacquo avviene quasi automaticamente, quando la barca 'parte' per un altro viaggio.

- Vi sono **molti gesti da fare insieme o un po' per uno**: il bambino può svitare il tappo del dentifricio, spremere una certa quantità di pasta sullo spazzolino e lavarsi i denti per la 'prima metà del tempo', (il lasso di tempo consentito può essere reso comprensibile al bambino per mezzo di una clessidra o di un contaminuti da cucina). Per la 'seconda metà del tempo' tocca alla mamma lavare i denti. Poi il bambino può riempire un bicchierino d'acqua e sciacquarsi la bocca da solo.

- Generalmente ai bambini non piace farsi ungere di crema. Anche in questo caso, potrebbe essere utile un piccolo gioco. Trasformate il bambino in una 'coccinella': cospargetegli il viso di tanti '**puntini**' di crema che poi potrà **spalmare** da solo.

- Si tratta soprattutto di affidare al bambino, poco per volta, una **quota sempre maggiore** di queste operazioni; infatti, dopo tutto, l'obiettivo di qualsiasi aiuto che si presti a bambini di ogni età è che giunga un momento in cui sanno lavarsi da soli.

- Nelle operazioni che il bambino non sa ancora eseguire da solo, come per esempio tagliarsi le unghie, è meglio **raccontare una storia per distrarlo**, per esempio quella famosissima legata alle dita della mano: «Piazza bella piazza, passò una lepre pazza, il primo (cioè il pollice) la guardò, il secondo (l'indice) l'ammazzò, il terzo (il medio) la cucinò, il quarto (l'anulare) la mangiò, e al povero mignolino non restò neanche un pezzettino».

Accompagnare i piccoli riti dell'igiene personale con strofe, rime o storielle (ne ricorderete sicuramente qualcuna della vostra infanzia) contribuisce senz'altro a renderli appuntamenti piacevoli!

Imparare a lavarsi in modo corretto

Se trasformate allo stesso modo tutte le operazioni di igiene quotidiana in giochi rituali, vostro figlio imparerà a eseguirle nel modo corretto, le memorizzerà, e più tardi le potrà eseguire da solo. In questo caso, quindi, il bambino non solo non si rifiuta più di eseguirle, ma **le compie automaticamente**. Ciò vi può tornare utile se preferite che il bambino esegua alcune di queste operazioni di lavaggio da solo; conferire a esse il ruolo di componente essenziale di tutto il rituale farà sì che voi raggiungiate il vostro obiettivo (vostro figlio sarà veramente pulito), e, allo stesso tempo, il bambino abbia la possibilità di cimentarsi da solo con l'igiene personale.

Come accudire i bambini piccoli

- Fate in modo che tutte le azioni siano ripetute regolarmente.
- Inserite alcuni momenti in cui il bambino abbia la possibilità di lavarsi da solo.
- Sottolineate determinate attività con storielle o filastrocche speciali.
- Mantenete l'umore allegro, ogni tanto scherzate e non insistete esageratamente sulla pulizia: sicuramente ci sarà una prossima volta in cui andrà meglio.

Quando i bambini non si vogliono lavare

«Il nostro figlio più grande, 12 anni, la mattina non vuole né lavarsi né pettinarsi. Va a scuola sporco e trasandato. Io mi vergogno per lui, ma non gli si può dire niente! A volte penso che in realtà non si tratti solamente di un rifiuto di lavarsi, ma ne stia facendo una questione di principio. Mi vuole dimostrare semplicemente che è lui il più forte.»

Poco prima della pubertà molti ragazzi attraversano la loro fase da 'porcelli'. Sciatti, spettinati, troppo disordinati agli occhi dei genitori: tutti segni di una protesta che viene dal desiderio di staccarsi dagli adulti.

Quasi tutti i ragazzi attraversano un periodo in cui sviluppano una vera e propria avversione per l'acqua e il sapone. I genitori reagiscono spesso con molta suscettibilità.

Essi vorrebbero combattere questi atteggiamenti, e possibilmente costringere i ragazzi a lavarsi come si deve. Ma, così facendo, ne provocano solamente le proteste. È meglio invece per prima cosa **rimanere calmi**, evitare i commenti negativi e **aiutarli nei loro sforzi** per diventare indipendenti.

Il 'periodo selvaggio' passa presto

I ragazzi di tanto in tanto devono **prendere le distanze** dai loro genitori; fa parte del processo di crescita, del diventare adulti.

Le fasi in cui i ragazzi trascurano la cura della propria persona sono difficili da superare per i genitori, tuttavia è importante non esacerbare inutilmente il rapporto con spiacevoli 'giochi di potere'.

Non vi fate provocare, mantenete la calma; non cercate di prevalere con la violenza. Questo problema **si risolverà** (quasi) **da solo**, al più tardi quando il sesso opposto inizierà ad assumere una certa importanza, e allora ragazzi e ragazze riprenderanno ad avere molta cura del proprio corpo in modo del tutto spontaneo.

Quando i vostri figli avranno occhi e interesse per l'altro sesso, dedicheranno di nuovo maggior attenzione all'aspetto e alla cura del proprio corpo del tutto spontaneamente. In fondo, occorre superare il giudizio critico dell'amato/a...

Quando possono essere utili i rituali per lavarsi

- Aiutano vostro figlio ad assumersi la responsabilità del suo corpo, e ad avere con esso un rapporto piacevole.
- Servono a svilupparne in lui una percezione positiva, e con ciò migliorano anche il suo livello di consapevolezza.

Rituali personali

Nella pubertà, la maggior parte dei ragazzi adotta rituali per lavarsi molto personali. Comunque voi non riuscirete a saperne molto perché tutto si svolge dietro una porta; essi si chiudono in bagno, mandando un chiaro segnale ai genitori: «Questo non vi riguarda!» Nascondersi però significa anche: «**Non sono ancora molto sicuro**. Perciò vorrei che nessuno mi vedesse». In questa fase, è importante che voi sosteniate vostro figlio nella sua ricerca di indipendenza. Lo potete fare comunicandogli: 'Ti trovo bello!', «Mi piaci!», eccetera. Con molto tatto lo si può anche avvisare che la crescita che in questa fase appare un po' irregolare (lunghezza anziché larghezza) più avanti si normalizzerà. Maggiore è l'età di vostro figlio, e più terreno dovrete cedere! Il vostro compito è prepararlo a condurre **una vita indipendente**.

Mangiare insieme crea unità

Mangiare non significa solamente approvvigionarsi di sostanze nutritive: significa servizio, dedizione e soddisfazione di un desiderio, e farlo in compagnia **favorisce lo scambio**, crea intimità e fiducia. Escogitate dei piccoli riti adatti per trasformare i pasti in comune in un'occasione perché i membri della famiglia stiano insieme serenamente, così colazioni, pranzi e cene diventeranno un'esperienza che, per i suoi molteplici aspetti, può essere considerata **un avvenimento importante** nel corso della giornata.

I bambini hanno bisogno di punti di riferimento fissi, quindi anche i pasti devono essere regolari. Approfittiamone per renderli un'occasione per stare insieme in modo piacevole e rilassato.

Il rito della poppata

Nei primi mesi di vita i riti legati al nutrimento nascono quasi da sé. Naturalmente, dapprima **è vostro figlio che decide** quando ha fame e vuole mangiare. Tuttavia anche durante l'allattamento potete già abituarlo a determinati processi; per esempio, sedetevi sempre sulla stessa sedia per la poppata, mentre lo allattate accarezzatelo sempre allo stesso modo sulla guancia o sulla testa, e così via. Le madri che già nel periodo dell'allattamento trasformano i pasti in piccoli rituali, ai quali il figlio si abitua e su cui può fare affidamento, più tardi, quando egli compirà i passi successivi sulla via dell'autonomia, avran-

Come gestire i pasti dei bambini più piccoli

- Nei primi mesi di vita il vostro bambino riceve sempre il nutrimento ogni volta che ha fame. Nell'allattamento viene soddisfatto anche il suo bisogno di contatto e di attenzione.
- Più avanti, gli orari dei suoi pasti si adattano poco per volta a quelli del resto della famiglia.
- Cercate di non allattare vostro figlio ogni volta che piange; provate invece a vedere se è semplicemente scomodo, se si sente solo oppure vorrebbe essere preso un po' in braccio.
- Se ogni volta che è di cattivo umore voi cercate di consolarlo attaccandolo al seno o, più tardi, dandogli un pezzo di cioccolato o altri dolciumi, egli impara a far quadrare il suo bilancio emotivo mangiando. Il cibo diventa così la risposta sostitutiva a bisogni psicologici insoddisfatti.

no meno problemi. Più il bambino cresce, più dura il pasto, e prima potete abituarlo a pasti regolari. Con il tempo, fra voi e il piccolo si instaura un ritmo ben definito che **rafforzerà il vostro legame**

Coltello e forchetta

«Sin da piccola mia figlia, non appena imparato a stare seduta in qualche maniera, volle anche mangiare da sola con coltello e forchetta, come i grandi. Quando cercavo di toglierle le posate di mano per evitare che si facesse male, lei si infuriava.»

Quando vostro figlio diventa più grandicello, cerca subito di mangiare da solo. Però non è così facile portare il cucchiaio alla bocca. Quando gli spinaci cadono sul bavaglino o sulla tavola, molti genitori non incoraggiano il loro bambino, ma dicono semplicemente: «Non sei ancora capace!» È meglio introdurre per tempo piccoli riti che stabiliscano **come si svolge il pasto**, e che tengano adeguatamente conto delle aspirazioni di indipendenza del bambino, cioè dei suoi tentativi di mangiare senza essere aiutato.

Mangiare 'come i grandi' significa allo stesso tempo incominciare a conquistare una parte del loro mondo.

In analogia a quanto detto a proposito di lavarsi, potete **suddividere** lo svolgersi dei pasti in **diverse operazioni** ed eseguirle insieme con vostro figlio, alternandovi: «Adesso ti aiuta la mamma!», oppure: «Ora tocca a te!» Se riuscirete a scambiare a sufficienza i compiti con vostro figlio, dopo qualche tempo egli sarà in grado di svolgere tutto da sé.

Più tentativi gli fate fare, più rapidamente imparerà a mangiare senza essere aiutato; contemporaneamente il bambino compirà anche un grosso passo verso la sua autonomia.

**Mangiare nutre il corpo, e farlo in compagnia nutre
anche lo spirito dell'individuo, della famiglia,
della società. Non è solamente un momento
in cui ci si rifocilla con il cibo, ma risponde anche
al bisogno di comunicare e di stare insieme.**

Il pasto: un'esperienza piacevole

Molti genitori si preoccupano delle abitudini alimentari dei loro
figli. Si impegnano per preparare piatti gustosi e vari, e non di
rado recepiscono come un'offesa personale e un segno di rifiuto l'incapacità del bambino di apprezzare i loro sforzi. Tentano
di convincerlo a mangiare, gli fanno assaggiare alimenti nuovi,
e a volte arrivano anche ai tentativi di 'corruzione' («Se vuoi il
piatto, ti do un premio»). Se non funziona, iniziano con racco-
mandazioni affettuose: «Devi pur mangiare qualcosa; non vuoi
diventare grande e forte?» Alla fine minacciano o imprecano,
oppure cercano di suscitare la compassione del bambino: «Sono stata due ore in cucina per preparare qualcosa di buono.
Che cosa credi, che mi diverta? Se comunque tu non mangi, tanto vale che non cucini. Poi però non venire a dirmi che hai voglia di un dolce».

Se **costringete** vostro figlio a fare qualcosa di cui non è convinto egli stesso, dovete mettere in conto **altre difficoltà** per il futuro. In questo modo, egli non percepisce la vostra preoccupa-
zione per la sua salute, ma si sente invece trattato da 'bambino
piccolo', demotivato e criticato. Se siete voi a stabilire che cosa
egli deve mangiare e quando, egli sarà portato a pensare che le
sue necessità siano sbagliate.
Con il passare del tempo perderà la capacità di riconoscere
che cosa gli fa bene oppure no. La sua **autostima** ne esce **dan-
neggiata**, e il ragazzo potrebbe anche iniziare a riempirsi di
cibo in modo sregolato e irragionevole, oppure a rifiutarlo
completamente.

Coltivare l'abitudine di mangiare tutti insieme

- **Consumare i pasti insieme** rinforza il senso di appartenenza all'interno della famiglia. Intorno al desco, ognuno riceve ciò di cui ha bisogno, ognuno ha il suo posto. Coinvolgete vostro figlio in questo circolo non appena è in grado di stare seduto sul seggiolone, e dategli da mangiare a tavola con gli altri.
- Per dare una certa **rilevanza al pasto** rispetto al resto della giornata, potete incominciarlo con un piccolo rito. In passato, prima di mangiare si recitava la preghiera. Nel ringraziare Dio per il cibo, si dava un chiaro segno che il pasto in comune era qualcosa di speciale, una specie di dono. Oggigiorno però molte famiglie non sono più così vicine alla fede cristiana. Ciò nonostante, per 'staccare' rispetto alle attività precedenti, e caricare questa di un significato particolare, potreste prendervi per mano e dire insieme: «Noi ci auguriamo un buon appetito», decidendo che solo dopo questa formula potete iniziare a mangiare.
- Fate in modo che il pasto in comune sia vissuto anche come **un avvenimento piacevole**, amichevole e allegro.
- Non siate troppo pignoli sulle **buone maniere** a tavola. Se i bambini vengono continuamente rimproverati («Sta' diritto!», «Non giocare con il cibo!», «Prendi la forchetta con l'altra mano!») allora il pasto non diventa un avvenimento importante nel corso della giornata, ma un campo di battaglia, il che è tutt'altro che auspicabile.
- Il fatto di offrire durante i pasti ai bambini **diverse alternative** (per esempio, a colazione possono scegliere fra marmellata e miele, fra pane e fette biscottate, e così via) contribuisce a rinforzare la loro autonomia.

Il pasto in comune è simbolo di pace e armonia, che idealmente dovrebbero estendersi anche in seguito.

I dolciumi: eterno motivo di conflitti

I bambini piccoli imparano principalmente **seguendo l'esempio**. Se vedono adulti o coetanei fare o possedere qualcosa, e specialmente se guardano spesso la televisione, vogliono compiere gli stessi gesti e possedere gli stessi oggetti. L'industria ha riconosciuto i nostri 'tesorucci' come **potenziali consumatori** che possono portare miliardi di fatturato l'anno. E nelle pubblicità compare anche un'altra trovata: fare leva soprattutto sulla coscienza salutista dei genitori. Quel 'tanto buon latte' che contengono certe merendine distoglie l'attenzione dai danni che può provocare l'eccesso di zuccheri. È vero che non sono pochi i genitori che non si lasciano ingannare, tuttavia essi si trovano disarmati quando poi devono limitare la quantità di dolci che i loro figli vorrebbero consumare. Fra alimenti dolci e merendine preconfezionate esiste una grossa differenza. Molti alimenti sani contengono per loro natura una certa quantità di zuccheri semplici senza aggiunte artificiali, per esempio la frutta, i succhi di frutta naturali, alcuni tipi di verdura, il miele, e così via. Gli zuccheri complessi, peraltro necessari al buon mantenimento del sistema nervoso, sono inoltre contenuti in quantità sufficiente nei cereali. Gli alimenti che definiamo come 'merendine' sono costituiti quasi esclusivamente di zuccheri e grassi, e non hanno alcun valore nutrizionale positivo per la fisiologia dell'organismo; anzi, possono contribuire all'insorgere di numerose malattie tipiche della nostra società industrializzata come diabete, obesità e carie.

I dolciumi, dunque, non solo non possono sostituire un pasto ben equilibrato, ma non devono nemmeno essere utilizzati come 'contentino', il che accade fin troppo spesso.

Che cosa fare?

- **Ritardate il più possibile** il primo incontro di vostro figlio con i dolciumi preconfezionati (torte comprese). Più tardi vostro figlio entra in contatto con essi, meglio è per la sua salute. Finché il bambino non ne conosce il sapore, non ne fa alcuna richiesta. Solamente dopo averli assaggiati li vorrebbe in continuazione.

- Se però proibirete completamente i dolci, essi diventeranno oggetto del desiderio dei vostri figli o di 'lotte di potere' in famiglia. L'obiettivo del vostro intervento educativo dovrà essere perciò guidare il bambino verso **un atteggiamento moderato** nei confronti di queste 'tentazioni'.

- Se proprio dovete dare merendine a vostro figlio, fatelo a **orari stabiliti**, fissi; così, anche consumare dolci diverrà un piccolo rito. I bambini sanno, per esempio, che ogni giorno dopo il pranzo, o magari solamente la domenica, si può avere il dessert. In tutti gli altri momenti, i dolci sono tabù.

- Non servitevi di essi come **premi o strumento di corruzione**. In questo modo i bambini apprendono che non si deve necessariamente reagire mangiando qualcosa di dolce ogni volta che una qualche sollecitazione emotiva ne fa nascere il desiderio. Essi imparano da una parte a trattenersi e a differire i propri bisogni, e dall'altra a conoscere meglio le proprie reali esigenze.

- Verificate innanzi tutto quale sia **il rapporto che voi stessi avete** con i dolciumi. Quale esempio date ai vostri figli? Che tipo di alimenti mettete in tavola più spesso?

- Tenete sempre pronta una certa **varietà di cibi** adatti a una dieta equilibrata. Informatevi sugli alimenti da prediligere, magari leggendo qualche buon libro o rivista specializzata.

- Come spuntino fra un pasto e l'altro offrite sempre **frutta**. Una sana alternativa alle merendine preconfezionate è costituita da frutta secca, o yogurt che si può arricchire con frutta fresca.

Un dolcetto dovrebbe sempre rimanere qualcosa di speciale, un piacere. I rituali giusti abituano i bambini a instaurare un rapporto moderato con le tanto amate ghiottonerie.

Naturalmente, riuscire a rispettare le regole citate dipende molto dal rapporto che voi stessi avete con i dolci. Osservate più da vicino anche **il vostro comportamento alimentare**. Da questo punto di vista, vi rendete conto che non fornite un esempio proprio positivo? Pensate di essere poco coerenti, nel senso che avete spesso voglia di qualcosa di dolce e non resistete alla tentazione? Se avete risposto di sì a queste domande, fareste meglio a modificare prima il vostro atteggiamento rispetto ai dolciumi, e poi a intervenire su quello dei vostri figli, altrimenti correte il rischio di apparire **inaffidabili** ai loro occhi. Un argomento molto delicato a questo proposito è quello dei 'regalini' a fin di bene (cioccolatini, pasticcini e così via) che nonni, zii e cugini portano con sé quando vengono in visita. Qui si tratta di assumere **una linea molto decisa**, e di attenersi a essa. Chiarite a parenti e amici che voi soli deciderete quando e quanto saranno consumati questi 'regalini'. Un compromesso: si può fare subito un piccolo assaggio, il resto si conserva e si consuma un poco per volta in quantità ragionevoli.

Come per il resto dell'educazione, anche per quanto riguarda il rapporto con i dolci conta molto il vostro comportamento, che dovrebbe fornire un buon esempio ai vostri figli. A proposito, non abbiate timore a parlarne seriamente anche al nonno e alla nonna!

Quando possono essere utili i rituali legati al cibo

- Consumare insieme i pasti rinforza il senso di appartenenza all'interno della famiglia.
- Attenendosi a orari regolari, vostro figlio impara che la giornata ha un ritmo stabilito, e anche a trattenere il desiderio di mangiare fino al momento giusto.
- Se i rituali dei pasti sono piacevoli, vostro figlio imparerà meglio a gustare il cibo, e si abituerà ad assumere un atteggiamento moderato nei confronti dei dolci o degli altri alimenti di cui è goloso.

RITUALI PER IL TEMPO LIBERO

Giocare e divertirsi a orari fissi

«Ho abituato i miei figli già molto presto all'idea che non sarei sempre riuscita a trovare abbastanza tempo da dedicare a loro, ma quando ne avessi avuto la possibilità non mi sarei certo risparmiata. Ne abbiamo fatto un piccolo rito!»

Molte madri credono di dover essere sempre disponibili anche se non ne hanno né tempo, né voglia, e tanto meno energia. Anche in questi casi, i rituali possono essere utili per strutturare meglio la giornata in modo che **ciascuno svolga bene i suoi compiti**. Stabilite nel corso della giornata determinati orari o occasioni in cui siete sicuri di riuscire a giocare con i vostri figli. Se essi sanno di poter contare su questi momenti, accettano anche più facilmente che la mamma non possa essere sempre lì con loro.

- Ogni mattina, per esempio, dopo aver accompagnato il fratellino maggiore all'asilo ed essere rientrati a casa, riservate almeno una **mezz'ora di tempo** al bambino più piccolo. In questa occasione, lasciatelo assolutamente libero di scegliere il gioco che preferisce, leggetegli qualcosa, disegnate insieme, oppure giocate con il Lego. I lavori di casa vengono dopo.
- Oppure, se dopo pranzo volete riservarvi un quarto d'ora in cui bere con tranquillità una tazzina di caffè oppure leggere il giornale, spiegate a vostro figlio che per un po' non volete essere disturbati, ma che **dopo giocherete** sicuramente con lui. Puntategli la sveglia oppure fategli ascoltare un certo CD. Quando la sveglia suona o la musica finisce, il bambino sa che finalmente 'tocca a lui': che cioè potrà giocare con la mamma o il papà.

- Generalmente, quando i padri tornano a casa la sera, per prima cosa vorrebbero riposarsi un po', dopo una giornata densa di lavoro. Invece i bambini muoiono dalla voglia di **avere** subito **il papà tutto per sé**. Anche in questo caso potreste concordare con i vostri figli che quando arriva papà, per esempio, prima guarda il telegiornale senza essere disturbato; dopo le previsioni del tempo spegne il televisore e gioca con i bambini in cameretta fino all'ora di cena.

- Per il **fine settimana**, invece, si possono introdurre anche altri rituali di gioco; per esempio, ogni domenica mattina il bambino può andare nel 'lettone', e il papà gli racconta storie divertenti; oppure, sempre nella mattinata della domenica, i bambini hanno il permesso di giocare al computer, a differenza del resto della settimana in cui l'uso è riservato ai genitori.

I bambini, particolarmente quelli piccoli, chiedono la vostra compagnia in continuazione: non ne hanno mai abbastanza. Perciò è importante che pianifichiate dei momenti tutti per voi, per ritemprarvi prima di essere di nuovo a loro completa disposizione.

- Per i bambini è più facile accettare l'idea che anche mamma e papà hanno bisogno di una pausa, se sanno che **dopo saranno di nuovo tutti per loro**.

- Esiste inoltre la possibilità di 'giocare' anche quando avete **i lavori domestici da sbrigare** e vostro figlio non si vuole staccare dalle vostre sottane: iniziate, insieme con lui, una 'storia senza fine'. Dovete semplicemente mettere in moto la fantasia di vostro figlio: «Immagina di voler...» Oppure: «Immagina di essere...» O ancora: «Immagina di poter...» Fatevi stupire da quanto possono essere audaci, pericolose o divertenti le avventure di queste storie inventate da voi due.

Ricordiamoci della grande importanza dei rituali per l'evoluzione dei bambini. Occorre quindi che anche i momenti di gioco abbiano ritmi e regole in base ai quali i piccoli possano orientarsi.

«La mamma non ha sempre tempo per me»

Come per tutti gli altri, è importante che anche questi 'rituali di gioco' capitino regolarmente, e che i bambini ci possano far conto. Se vostro figlio sa che esistono momenti di gioco fissi, in cui potete dedicarvi a lui indisturbati, poco per volta imparerà a desiderarli ardentemente, ma anche a saper aspettare, e capirà che non vi è possibile essere sempre a sua disposizione.

Favorire il gioco indipendente

Finché vostro figlio è molto piccolo, dovete cercare di **giocare con lui il più possibile**. A mano a mano che cresce, un mese dopo l'altro, potete lasciare che trascorra da solo tempi sempre più lunghi. Insegnategli giochi che possa fare anche per conto suo, per esempio i *puzzle*. Cercate però di utilizzare un *puzzle* adatto alla sua fascia di età, in modo che non risulti troppo impegnativo. Fateglio vedere come si fa, e ripetete la prova diverse volte prima di congedarvi con le parole: «Vuoi tentare di cavartela per conto tuo? Sono convinto che ci puoi riuscire!» Lodate il bambino **ogni volta che si arrangia da sé**, anche se all'inizio probabilmente dovrete aiutarlo ancora un poco. Con il tempo, vostro figlio sarà orgoglioso di poter comporre il *puzzle* veramente tutto da solo. Non dimenticate: il ruolo dei genitori, in fondo, è **divenire superflui** nella vita dei loro figli.

Lavorare giocando

Il gioco quotidiano con i vostri figli si può estendere anche ad **altri àmbiti**. Spesso, per esempio, ai bambini piace essere coinvolti nei **lavori di casa**: dà loro la sensazione di essere utili, di potersi assumere compiti 'importanti'. Se ci riflettete, con un pizzico di fantasia troverete sicuramente in casa vostra la possibilità di farvi aiutare da vostro figlio in tanti piccoli lavoretti (non pericolosi) ben definiti e che si possono ripetere regolarmente.

Spesso, per i più grandi, i mestieri di casa non sono altro che un odiato obbligo. Non è così per i più piccoli, che si impettiscono orgogliosi quando finalmente viene loro chiesto per la prima volta di asciugare un cucchiaio. Sfruttate questa fase per introdurre vostro figlio ai lavori domestici.

- Quando **preparate la macedonia**, vostro figlio potrà sicuramente aiutarvi a sbucciare le banane e a tagliarle a fettine con il suo coltellino di plastica.
- Quando **preparate la torta**, il bambino vi può aiutare a versare nella terrina gli ingredienti, via via che li pesate. Per premio, dopo potrà anche 'ripulire' la terrina, leccandosi le dita. E poi, ciò che si è cucinato con le proprie mani è tanto più buono…!
- Quando **passate l'aspirapolvere** permettete sempre a vostro figlio di premere il pulsante per spegnerlo.
- Quando **cambiate le lenzuola** del letto, fatevi aiutare ad allacciare i bottoni delle federe.

Queste e altre attività si possono svolgere insieme con il bambino, e allo stesso tempo lo abitueranno a **dare una mano** nelle faccende di casa.

È bene che i momenti di gioco abbiano luogo regolarmente a orari stabiliti, e vostro figlio deve poter fare conto sul fatto che voi rispetterete tali orari. Egli non capirà i cambiamenti improvvisi. Ogni promessa è debito…

Quando possono essere utili i rituali legati al gioco

- Se il gioco è ritualizzato, vostro figlio avrà la certezza di ricevere sufficiente attenzione anche in periodi frenetici, e questo renderà più profondo il legame tra lui e voi.
- Se vostro figlio può contare su momenti di gioco prestabiliti, accetterà meglio che voi vi dedichiate anche ad altre attività.
- Se collegherete i 'mestieri di casa' con qualche gioco speciale, prenderete due piccioni con una fava.

Quanta televisione può vedere un bambino?

«Quando era ancora molto piccola, nostra figlia voleva già guardare regolarmente la televisione; l'aveva imparato dai fratelli maggiori. Non di rado il pomeriggio tornavo a casa dopo essere stata a fare la spesa e li trovavo tutti lì, in buona armonia, davanti al televisore. A dire il vero, a me tornava comodo, perché almeno non litigavano. Stavano tutti zitti, e guardavano lo schermo incantati.»

È successo anche a voi? Non lo avete pensato anche voi qualche volta: 'Adesso accendiamo il televisore, così stanno tutti buoni'? Ma poi subito si fa strada il senso di colpa: 'Tu non riesci a staccare i tuoi figli dal televisore solamente perché ti fa comodo!' Certo che è comodo. Ciò nonostante, dovete assolutamente porre dei limiti. **I dati** delle ricerche sulle abitudini dei bambini rispetto alla televisione **sono preoccupanti**: la maggioranza guarda tre ore di programmi il giorno. Alcuni arrivano anche a sei ore. Il vostro potrebbe essere fra questi?

La giusta misura

Per la televisione vale fondamentalmente quanto già detto rispetto ai dolci: **non proibire** completamente, **ma dosare** con attenzione! Riprendendo lo stesso esempio, potreste tentare di tenere vostro figlio lontano dal televisore più a lungo che potete: più tardi entra in contatto, tanto meglio sarà. Ma non dovete assolutamente vietargliela del tutto: essa fa parte della nostra cultura. Anziché istituire divieti, consiglierei di insegnare a vostro figlio come utilizzare questo mezzo di comunicazione in modo ragionevole.

- Scegliete dal palinsesto i **programmi adatti** a vostro figlio e che quindi può guardare. Se è piccolo, è meglio che siate voi a scegliere. Se è già abbastanza grande, potete tenere conto delle sue preferenze, se le ritenete ragionevoli. Prima e dopo la trasmissione scelta, il televisore rimane spento.
- Fate capire chiaramente a vostro figlio che guardare la televisione è **un'attività occasionale**. Sistemate l'ambiente in cui si trova il televisore in modo che il posto del bambino (lontano dall'apparecchio) sia confortevole.
- **Sedetevi** comodi **accanto a lui** e segnalate anche verbalmente che sta per accadere qualcosa di eccezionale: «Ora incomincia *L'albero azzurro*!»
- Se vostro figlio guarda la televisione **da solo, pregatelo di avvisarvi** quando Empirio e Dodò sono andati via.
- Più sottolineate il carattere di 'eccezione' della televisione, più vostro figlio impara che non gli spetta a qualsiasi ora, e nemmeno tutti i giorni.

Come guardare la televisione con bambini molto piccoli

- Meno i vostri figli la guardano, meglio è.
- Non utilizzate la televisione come una baby sitter.
- Scegliete programmi per bambini adatti alla loro età.
- Trasmettete loro il chiaro segnale che guardare la televisione è l'eccezione, non la regola.

«Ma gli altri lo vedono!»

«A volte i miei figli tornano dall'asilo e improvvisamente voglio-no vedere alla televisione un programma che so per certo non hanno mai visto prima!»

A mano a mano che vostro figlio diventa più grande, cresce l'**influenza** che esercitano su di lui i coetanei. Egli vede, ascolta e impara ciò che fanno gli altri, e lo vorrebbe pure sperimentare personalmente. Naturalmente questo vale anche per determinate trasmissioni televisive. Vi sarà certamente capitato di cercare di proteggere vostro figlio dall'influsso negativo di alcune trasmissioni, solamente per scoprire poi che le aveva potute vedere tranquillamente a casa di qualche compagno. Potete evitare questo tipo di contrattempi solamente se prendete delle **misure preventive**. Parlate quindi con i genitori dei compagni di gioco di vostro figlio, e segnalate loro ciò che lui ha o non ha il permesso di vedere.

«Mi ha dato molto fastidio che mio figlio (5 anni) avesse potuto vedere film d'azione non adatti alla sua età a casa di un amico. Sembrava che i genitori non avessero nulla da obiettare, almeno era ciò che pensavo io. Parlando con loro, scoprii invece che essi erano contrari a questo tipo di film come lo sono io. Semplicemente non erano riusciti a controllare ciò che i bambini stavano guardando. Infatti essi cambiavano canale ogni volta che la mamma usciva dalla stanza.»

Non aspettate che vostro figlio vi imbrogli. **Agite prima.** Parlare con i genitori che lo hanno spesso come ospite può essere molto efficace. Principalmente dovreste dimostrargli che **vi interessate a** ciò che guarda alla televisione; a questo proposito, non dovete emettere divieti senza spiegarne esaurientemente il motivo. È meglio **chiarirgli** il significato di certe decisioni. Inoltre, talvolta è importante assumere **un ruolo attivo** e commentare insieme ciò che vostro figlio ha visto: infatti non sempre è in grado di comprendere interamente ciò che viene trasmesso.

Ai bambini riesce abbastanza difficile separare la realtà dalla finzione. Perciò è estremamente importante guardare la televisione con loro e commentare insieme i programmi.

Come guardare la televisione con bambini più grandicelli

- Spiegate ai vostri figli perché non volete che guardino certe trasmissioni.
- Commentate con loro i contenuti dei programmi, in modo da aiutarli a 'digerire meglio' ciò che hanno visto.
- Parlate anche con i genitori dei bambini che hanno spesso i vostri figli come ospiti, e cercate di capire la loro opinione.
- Fate in modo che i bambini non guardino la televisione tutti i giorni. Quattro ore la settimana sono più che sufficienti.

Parlare dei programmi con il bambino

Se desiderate che vostro figlio assimili nel modo corretto ciò che vede alla televisione, **parlate con lui** dei suoi programmi preferiti. Queste 'discussioni' a posteriori possono essere facilmente ritualizzate: se voi dimostrate **il vostro interesse** domandando a vostro figlio che cosa abbia visto («Senti un po', fammi capire bene che cosa è successo in quel film»), in genere lui sarà molto disponibile a raccontarvelo. Con il passare del tempo, imparerete in questo modo a **conoscere meglio** anche le paure specifiche di vostro figlio.

Generalmente i bambini prediligono alcuni comportamenti che vedono nei film, e sono disgustati o impauriti da altri. Per voi genitori si tratta di convincere il bambino che quando vede delle scene che lo inquietano esse sono sempre solamente **parte di un film**, e che ciò che succede «non accade veramente, ma è solo una finzione!»

Attenzione ai film d'azione e dell'orrore

«Mi accorgo sempre più spesso che i miei figli (6 e 8 anni) sono attratti dalle scene di azione e violenza che vedono in televisione. Questo mi spaventa. Io voglio educare i miei figli in modo che da adulti siano uomini pacifici, e magari anche impegnati socialmente.»

A mano a mano che vostro figlio crescerà, riuscirete sempre meno a evitare che si lasci sedurre dai film d'azione e dell'orrore. Potete ricondurre nei **giusti binari** il rapporto con questo tipo di film consultando con vostro figlio la programmazione settimanale, e cercando di scegliere, in mezzo alla vasta offerta delle tanto agognate trasmissioni, determinati film che potete vedere e poi commentare insieme. Avvisatelo dei **possibili rischi**, e fategli sapere chiaramente che accade continuamente che qualche bambino imiti gli atteggiamenti violenti che ha visto in questi film e faccia del male a qualcuno. Se aveste bisogno di esempi, li potete trovare nei quotidiani. Se vi sembra utile, ritagliate pure tranquillamente gli articoli, e **discutete** con vostro figlio dei fatti che vi sono descritti.

Conta molto il vostro esempio

Se voi la sera guardate la televisione per rilassarvi, senza prestare molta attenzione alla scelta dei programmi, potreste rappresentare un **cattivo esempio** per i vostri figli. Il vostro comportamento, invece, dovrebbe trasmettere chiaramente questo segnale: «Noi guardiamo solamente trasmissioni attentamente selezionate, che riteniamo di buona qualità!» Solo così avete buone probabilità che vostro figlio si orienti nella stessa direzione.

RITUALI PER DORMIRE

Conciliare il sonno

I piccoli riti che conciliano il sonno, come cantare la ninna nanna, leggere una storia, sedersi accanto al letto, far suonare il carillon, dare il bacino della buonanotte, augurare sogni d'oro, dire una preghiera, servono a tranquillizzare il bambino e a prepararlo a **trascorrere la notte serenamente**. Come per qualsiasi altro rituale, è importante che si ripetano regolarmente e che seguano sempre la **medesima sequenza**.

I bambini, soprattutto se molto piccoli, non sono ancora in grado di rielaborare tanto in fretta gli avvenimenti di una giornata eccitante. Perciò molte delle esperienze vissute durante il giorno aleggiano ancora la sera nella loro testa. Scacciate questi 'spiriti dell'irrequietudine' con rituali adatti.

Il sonno dei neonati

«Avevo abituato mio figlio fin dal principio al fatto che, per addormentarlo, gli cantavo la ninna nanna. Nonostante fosse piccolo, erano guai se tralasciavo questa consuetudine perché mi sembrava di avere poco tempo a disposizione. Si metteva a gridare come un ossesso, finché non cedevo e iniziavo a cantare nonostante la fretta!»

Dopo una giornata densa di avvenimenti, riuscire a recuperare la calma da un momento all'altro non è semplice né scontato sia per i bambini, sia per i genitori stessi. Non ci devono essere solamente le condizioni esterne adatte, ma anche l'atteggiamento interiore.

- Se mandate a letto vostro figlio in un'atmosfera frenetica, o se siete nervosi, dovete mettere in conto che molto di tutto ciò passerà al bambino. Già da neonati i bambini hanno **antenne sensibilissime** al nervosismo della mamma o del papà.

- L'ideale è che prima di mettere a letto vostro figlio vi fermiate un attimo, e **recuperiate la vostra calma** interiore ed esteriore. Se avete anche altri figli, questo è il momento di insegnare loro che in certe ore occorre avere un po' di riguardo per il fratellino o la sorellina.

- Anche **una luce soffusa o l'oscurità** favoriscono la tranquillità necessaria per il sonno. Conosco molti genitori che si lamentano della difficoltà di addormentarsi dei loro figli, ma così facendo trascurano completamente un fattore sostanziale: il passaggio tra il giorno e la notte, tra la luce e il buio. Il nostro organismo è programmato biologicamente a questo passaggio, vale a dire che finché c'è luce il nostro metabolismo ci fa produrre determinate sostanze che ci mantengono attivi, mentre invece quando si fa buio il nostro organismo produce un ormone che favorisce il sonno. Questo meccanismo congenito può essere favorito spegnendo la luce dopo essersi coricati.

Quando, inesorabilmente, cominciate a perdere la pazienza perché vostro figlio cerca continuamente di ritardare l'ora di andare a letto con nuove scuse e nuovi trucchi, dovreste ricordarvi della vostra infanzia. Non facevate di tutto anche voi per godere ancora un poco dell''affascinante' mondo dei grandi?

Il sonno nella prima infanzia

«Pietro (3 anni) faceva molta fatica ad andare a letto la sera. Una volta coricato, si rialzava, veniva in soggiorno, si lamentava di qualsiasi cosa. 'Non riesco a dormire!', 'Ho sete!', 'Ho paura!' Le scuse non finivano mai. Dopo un paio di settimane, ero arrivata a un punto tale che non sapevo più che cosa fare.»

Sono molti i genitori a cui accade la stessa cosa. Rilevano un certo comportamento del loro bambino, ma non riescono a classificarlo, e in molti casi non sanno come comportarsi. I rituali per dormire possono essere un aiuto importante per normalizzare il ritmo sonno-veglia.

Nella prima infanzia i rituali per dormire assumono un valore molto particolare. Così come durante il giorno i bambini prendono **parte attiva** a tutto ciò che succede, allo stesso modo essi **faticano**, la sera, **a calmarsi**. Inoltre alcuni non vogliono andare a letto perché vorrebbero stare il più possibile con i loro genitori, che in molte famiglie, purtroppo, non sono disponibili quanto i bambini vorrebbero, oppure la sera sono talmente stanchi che facilmente i bambini non vedono soddisfatto il loro **bisogno di attenzione**. Spesso accade che dopo cena i genitori desiderino mettersi comodi a riposarsi un po'. I bambini riconoscono questi preparativi e vorrebbero prendere parte a queste piacevoli serate, ma gli adulti si sentono disturbati dall'andirivieni del bambino che turba il loro momento di tranquillità. L'esperienza insegna che i genitori non riescono a soddisfare pienamente i bisogni dei loro figli se, in realtà, hanno l'esigenza di riposarsi loro stessi.

La storia della buonanotte

La sera dedicate regolarmente almeno un quarto d'ora a stare **seduti accanto al letto** di vostro figlio. Papà e mamma si possono alternare in questo compito; si farà presto a decidere come passerete poi questo tempo insieme. Spesso i bambini inventano da soli giochi ai quali i genitori devono solamente partecipare; per esempio, si fa qualche carezza ai pupazzi di stoffa o alle bambole, si dà loro un bacino e poi si mettono sotto le coperte. Oppure il bambino preferisce ascoltare una storia o una canzoncina. Magari **parlate** con vostro figlio ancora un poco **della giornata trascorsa**: «Che cosa ti è piaciuto di più oggi? Che cosa ti ha fatto arrabbiare? Domani, che cosa si fa di bello?»

I bambini hanno diritto di essere aiutati
dai loro genitori nel passaggio dal giorno alla notte.
Occorre che gli adulti accettino che questo aiuto
eventualmente può anche privarli di una parte
del loro meritato riposo serale.

Di sera ogni cosa torna a posto

Proprio nei giorni più frenetici, in cui mamma e papà non hanno avuto tempo di occuparsi del loro bambino, in cui magari c'è stata anche qualche discussione, il rituale della buonanotte segnala che non è andato poi tutto così storto, che i genitori vogliono sempre bene al loro piccolo e che, qualunque cosa sia successa durante il giorno, la sera torna sempre a posto. I bambini dovrebbero poter contare su questo.

Tutto deve prendere il suo solito corso

Anche i bambini piccoli partecipano al loro 'rito della buonanotte' in modo molto consapevole. Essi stanno ben attenti che tutta **la procedura sia corretta**, e con ciò iniziano in parte a sviluppare le proprie abitudini. A volte ci sembra difficile poter prendere sul serio i desideri e **le stravaganze** del nostro bambino. Ma perché nel letto deve venire proprio l'orsacchiotto che in questo momento non si riesce a trovare? Perché non si può fare un'eccezione, e prendere invece l'elefante di stoffa? Perché bisogna leggere per più settimane di seguito la stessa piccola storia che sia i genitori sia il bambino conoscono ormai per filo e per segno? Non si può, una volta tanto, leggerne un'altra? E poi, perché non è possibile, mentre si legge, tralasciare qualche volta un paio di parole o una frase che non sono importanti per l'esito della vicenda? Ma per i bambini **non valgono le nostre classificazioni** di 'importante' o 'non importante'. Tutte le parole, le azioni, gli animaletti, le copertine, i lenzuolini e le lampadine della notte che ieri, l'altro ieri

Come aiutare il vostro bambino ad addormentarsi

- La sera create un'atmosfera tranquilla, e fate in modo che la stanza sia piacevolmente illuminata. Magari potreste anche spegnere il televisore, finché i piccoli non sono a letto.
- Fate in modo di garantire ogni sera ai vostri figli il tempo per il rituale della buonanotte. Naturalmente i due genitori si possono alternare.
- Non utilizzate mai minacce o ricatti del tipo: «Se non fai il bravo, stasera niente favola della buonanotte». I rituali per addormentarsi non sono il premio per una buona condotta, ma danno al bambino, specialmente nelle giornate negative, protezione e sicurezza.
- Eseguite il rituale sempre nello stesso modo, anche se a voi sembra noioso. Il fatto che tutto sia come è stato ieri e come sarà domani tranquillizza il bambino e gli dà sicurezza.

e anche il giorno prima hanno assicurato a vostro figlio un sonno tranquillo sono ugualmente importanti. Perciò ogni cosa deve essere ripetuta, proprio esattamente nello stesso modo. Questo gli dà sicurezza, lo tranquillizza: lo aiuta ad addormentarsi.

Addormentarsi tranquillamente al suono della musica

I bambini che la sera vengono assaliti da qualche paura hanno bisogno di essere tranquillizzati, ma al contempo di essere distratti e/o indirizzati verso altri pensieri. A volte può essere utile, dopo il bacio della buonanotte, permettere loro di ascoltare un poco di musica. Per addormentarsi vanno bene tutti **i brani musicali** che hanno ritmi **corrispondenti al battito cardiaco**, oppure sono un po' più lenti. La paura o l'inquietudine di regola producono un'accelerazione del ritmo cardiaco; una musica a basso volume, tranquilla, specialmente quella classica, per esempio un Adagio, portano in breve al rilassamento. Sono particolarmente adatte anche le **musiche per la meditazione**, soprattutto per calmare i bambini con disturbi del sonno.

L'effetto della musica sulla psiche umana è noto da lungo tempo: lo spettro delle varie possibilità di influsso va dall'eccitazione totale fino a un rilassamento simile alla *trance*. Perciò dovreste osservare attentamente quale effetto sortisce su vostro figlio la musica che avete scelto per la sera; potrebbe renderlo addirittura più nervoso...

La preghiera della sera: un capitolo a sé

«Laura dice la preghiera con me tutte le sere prima di addormentarsi. In questa occasione racconta al buon Dio le sue preoccupazioni e le sue necessità, gli chiede di aiutarla e lo ringrazia quando le succede qualcosa di bello.»

Molta gente ha perso la sua fede in Dio o si è allontanata dalla Chiesa intesa come istituzione. Magari anche voi. Ma forse pensate anche, qualche volta, ora che siete adulti e avete voi stessi dei figli, di aver perso **qualcosa di fondamentale** e che vi piacerebbe trasmettere ai vostri figli la fede in Dio. Se è così, imparate semplicemente con (e dai) vostri figli. Non è mai troppo tardi.

La preghiera è una delle pratiche rituali più antiche del mondo. Non si tratta solamente della devozione verso il divino, ma anche e soprattutto della presa di coscienza dell'uomo, come importante presupposto per riconoscere le problematiche personali e generare allo stesso tempo nuove energie psichiche.

I bambini vivono i propri sentimenti in modo **molto profondo** Possono provare molta paura, ma anche tanta speranza, fiducia e gratitudine. Il dialogo con Dio aiuta il bambino, che impara a credere in qualcosa di più grande di lui che lo può aiutare a superare i momenti di crisi. I desideri che esprime vengono **dal profondo del suo cuore**, ed egli ha una grande fiducia che saranno realizzati. Adesso obietterete che Dio non esaudisce tutti i desideri, il che è vero. Tuttavia il bambino nella preghiera impara a **scaricarsi** e a liberarsi dall'oppressione interiore.

Se pregate insieme con vostro figlio, potete conoscere le sue richieste e comportarvi di conseguenza; inoltre, il bambino impara a conoscervi meglio di quanto non abbia occasione di fare durante la giornata. Così la preghiera diventa un momento per **prendere coscienza di sé** e acquisire fiducia reciproca. Un bel modo di concludere la giornata!

Il sonno nell'età scolare

«Quando Francesco ebbe 8 anni, volle che smettessi di leggergli la storia della buonanotte. 'Non sono più un bambino piccolo,' mi disse con aria di rimprovero. Per un certo periodo di tempo riflettei su che cosa proporre al posto della vecchia storia, ma non mi venne in mente niente. Poi mi feci l'idea che Francesco probabilmente stava diventando grande abbastanza per sviluppare un suo proprio rituale. Quando era a letto, guardavamo insieme che ora segnava l'orologio; aveva il permesso di stare sveglio ancora mezz'ora per leggere o ascoltare della musica, ma poi doveva spegnere la luce da solo. Francesco era molto soddisfatto delle nuove regole, ed era anche piuttosto orgoglioso del fatto che gli concedessi tanta fiducia. Tutte le volte che guardavo nella sua camera per controllare se la luce era veramente spenta, più o meno cinque minuti dopo il limite fissato, lo trovavo al buio e che faceva finta di dormire. Allora gli dicevo: 'Buona notte, bimbo grande!'»

Favorire l'autonomia

Per scoprire quando potete dare più fiducia a vostro figlio, occorre che impegniate la vostra fantasia e la vostra creatività. Escogitate un piccolo rito che lasci a vostro figlio gli spazi sufficienti per addormentarsi da solo. Il presupposto necessario per questo comportamento educativo, naturalmente, è **la fiducia nel bambino**: credere che sia già capace di una certa autonomia.

I bambini aspirano con pieno diritto ad affermarsi e ad essere considerati 'grandi'. Se siamo dunque disposti a lasciare loro lo spazio sufficiente perché possano dimostrare la loro capacità di assumersi delle responsabilità, probabilmente non rimarremo affatto delusi.

Quando possono essere utili i rituali per dormire

- Aiutano genitori e figli a concludere la giornata e a prepararsi per la notte.
- Rendono più facile trovare il proprio equilibrio fra tensione e rilassamento.
- Se applicati correttamente, e adattati all'età del bambino, possono aiutarlo a diventare autonomo.

RITUALI PER GLI EVENTI SPECIALI

Trasformare ogni giorno in un giorno speciale

Perché, una volta tanto, non lasciate il consumato percorso della quotidianità e non vagabondate per un paio d'ore **allontanan- dovi** un poco **dalla consuetudine**? Con semplicissimi mezzi e poca fatica potete trasformare una giornata del tutto normale in un evento speciale che voi e i vostri figli non dimenticherete tan- to facilmente. Si prestano particolarmente a questo scopo i fine settimana, ma anche i giorni in cui ricorre, per esempio, il com- pleanno di uno dei bambini. Anche queste ricorrenze possono es- sere trasformate con semplici mezzi in **giornate indimentica- bili**; tutto ciò di cui avete bisogno è un po' di fantasia e la dispo- nibilità a provare qualcosa di nuovo rispetto al passato. Magari riuscite a dare alla grigia quotidianità un po' più di smalto, e a vi- vere così giornate altrimenti stressanti in modo più rilassato.

Nulla vieta che in un normalissimo giorno feriale la mamma stupisca tutti con una cena particolarmente ricercata ed elaborata, o che papà inviti tutta la famiglia al ristorante senza alcun motivo particolare. Un avvenimento del genere potrebbe rimanere impresso a lungo nella memoria.

È domenica un'altra volta

I rituali non servono soltanto per strutturare solidamente la vita di ogni giorno, ma anche per distinguere determinati giorni dal- la routine quotidiana, per esempio quelli di festa. Effettivamen- te, la domenica potrebbe essere considerata un giorno quasi co- me tutti gli altri, in cui ci si alza la mattina, si mangia, si gioca e si litiga. In realtà, presenta differenze notevoli: c'è a casa papà, la mamma non deve andare a fare la spesa e l'asilo è chiuso. Sono ragioni sufficienti per vivere sempre questa giornata come se fosse molto speciale: **un giorno dedicato alla famiglia**, che valga la pena attendere con gioia per tutta una settimana. Introducete quindi alcuni piccoli riti dedicati specificatamente alla domenica; ecco qualche esempio.

- La domenica mattina i bambini hanno il permesso di **andare nel lettone** con i genitori. Qui possono ascoltare storie, ricevere un po' di solletico, 'fare la lotta' o magari anche una 'battaglia' di cuscini.
- Il tavolo della colazione viene **apparecchiato accuratamente** con le tazze preferite, e imbandito di leccornie magari di solito 'proibite'.
- Sono sempre il papà e i bambini a preparare la tavola, e **la mamma può rimanere a letto** finché non è tutto pronto.
- Tutti possono fare **colazione in pigiama**.
- Dopo il pranzo c'è sempre un **dolce**: il budino, la crema alla vaniglia, le fragole con la panna, il gelato…
- Tutta la famiglia **guarda insieme** qualche trasmissione per i bambini alla televisione.
- D'estate si mette **l'acqua nella piscina** gonfiabile in giardino…

Anche seguendo solamente un paio di questi suggerimenti si dà il segnale che le regole, che durante la settimana scandiscono il ritmo della giornata, la domenica possono pure essere dimenticate, e che questo è un giorno che in primo luogo deve essere **rilassante, allegro e ricco di avventure**. Naturalmente, sta a voi decidere che cosa fare, secondo le vostre preferenze e le vostre esigenze.

Di venerdì e di sabato risulta agevole dedicarsi ai piccoli riti della sera. Poiché di norma la mattina dopo si può dormire fino a tardi, in via eccezionale anche i bambini possono rimanere alzati un po' più a lungo.

Aumentare il senso di coesione

Generazioni intere di bambini avrebbero rinunciato volentieri alla passeggiata della domenica. Una volta i bambini dovevano indossare il 'vestito della festa' e uscire a passeggio con i genitori, senza potervisi sottrarre. Forse avrebbero fatto volentieri qualcos'altro, ma questo non interessava proprio a nessuno. Si doveva seguire un percorso obbligato, non si poteva vagabondare di qua e di là ed era assolutamente proibito sporcarsi; le passeggiate, quindi, risultavano solamente noiose.
Anche oggi la domenica i genitori vanno a spasso volentieri con i loro figli; **la passeggiata della domenica**, però, può diventare per tutti un rito familiare piacevole: dipende da come lo organizzate.

Percorrere sempre la stessa strada e vedere sempre le stesse cose non è noioso solamente per vostro figlio. Gli adulti, più che altro, chiacchierano fra loro, e non apprezzano molto l'ambiente che li circonda. Sarebbe meglio, qualche volta, abbandonare i soliti itinerari ormai noti e **scoprire strade nuove**. Potete trovare molte cose da vedere, nuove anche per voi, e in questo modo insegnare a vostro figlio, fin da piccolo, che accanto ai percorsi 'ufficiali' ne esistono di 'alternativi' che possono risultare molto emozionanti. Una piccola caverna, una vecchia cava, una casetta da giardiniere per gli attrezzi o una radura in mezzo al bosco piena di fiori e magari di coccinelle: sono tante le occasioni per scoprire cose nuove con vostro figlio. In questo modo, andare a passeggio non diventa mai noioso, e scoperte di questo genere **rimangono nella memoria** di vostro figlio per anni e anni.

Pianificate il fine settimana con i vostri figli in modo che tutta la famiglia in questo tempo libero possa vivere insieme momenti di gioia. Stendete una specie di lista di tutte le proposte e combinatele poi affinché ciascuno ne sia soddisfatto.

Quando il week end finisce

Per sottolineare l'ingresso nella nuova settimana potete anche chiudere con un altro rituale; magari sedendovi tutti insieme a raccontare in breve **che cosa ciascuno si aspetta** dai prossimi giorni. Ci si può inoltre abituare a salutarsi con una frase fissa: «Bene, adesso andiamo a letto, abbiamo una settimana di fatica davanti!» Oppure: «Tutti a letto, domani vi dovrete di nuovo alzare presto!» O qualcosa di simile.

Come organizzare il fine settimana

- Cercate di iniziare a insegnare ai vostri figli già quando sono molto piccoli la differenza fra i giorni 'normali' e il week end.
- Potete iniziare sin dal venerdì sera a discutere insieme che cosa pensate di fare nei due giorni successivi.
- Escogitate insieme con il vostro bambino alcuni piccoli riti per la domenica, che però possano davvero essere sempre mantenuti con costanza.
- Concludete il fine settimana con un apposito rituale.

Il fine settimana è per sua natura destinato a insegnare ai bambini che esistono giorni molto speciali, diversi da tutti gli altri. La domenica dovrebbe possibilmente essere sempre una 'piccola' festa.

Ai bambini piacciono i rituali per i compleanni

I compleanni, belli purché ben riusciti, sono fra gli avvenimenti più importanti dell'infanzia, di cui ciascuno si ricorda a lungo negli anni successivi.

Perché? Perché un bambino in onore del quale viene organizzata una festa sente di essere una **'persona speciale'** per i suoi genitori e gli amici.

Nel giorno in cui il bambino ha il posto d'onore egli può assa-

porare il piacere di essere molto amato, e ciò gli dà soprattutto
calore, forza e sicurezza.

Il bambino al centro dell'attenzione

«La mattina del suo compleanno noi abbiamo l'abitudine di
svegliare il membro della famiglia che compie gli anni con una
canzoncina. Cantiamo sempre Tanti auguri a te. *Non è tanto*
lunga, tutti la imparano in fretta, e poi suona bene!»

La sensazione esaltante di essere, almeno una volta
l'anno, la persona più importante della famiglia rinforza
molto la stima di sé che ha il bambino. Tutti gli stanno
intorno, lo servono, gli portano doni, in breve:
lo viziano. Non dimentichiamo che l'effetto benefico
di questa giornata dovrebbe durare per un anno intero.

Festeggiare il compleanno è una componente importante della
tradizione familiare. Spesso per il compleanno dei figli si risco-
prono vecchie abitudini che i genitori hanno impressi nella memoria sin dalla loro stessa infanzia, per esempio:

- il festeggiato viene svegliato con **una canzoncina** dal resto
  della famiglia;
- a colazione, il suo posto viene **decorato con fiori e dolci**;
- a pranzo vengono servite eccezionalmente patatine fritte con
  ketchup, o altre **leccornie** di cui è goloso;
- in questo giorno **tutta la famiglia va allo zoo**, al cinema o
  al ristorante;
- il bambino ha il permesso di **invitare i suoi amici**, e si fa
  una grande festa di compleanno.

Naturalmente ci sono anche i **regali** e, da non dimenticare, una
bella **torta** di compleanno con le candeline, che il bambino deve spegnere soffiando affinché si avverino tutti i suoi desideri.

«Perché ti vogliamo tanto bene»

Però non dimenticate lo scopo della festa: **ricordare la nascita** del bambino.

- **Rievocate il passato** vissuto in comune.
- Sfogliate insieme **l'album** delle fotografie.
- Raccontate a vostro figlio quanto eravate **felici quando è nato**
- Ditegli quanto vi rallegrate che egli sia al mondo ogni giorno che passa. È anche per questo che si festeggia il compleanno: perché questo è un **giorno speciale**

Il compleanno è sempre l'occasione adatta per parlare con vostro figlio del passato e del futuro: come ha recepito determinati avvenimenti o certi cambiamenti? Quali desideri ha per il futuro? In questo modo egli sviluppa una migliore consapevolezza del tempo che passa.

Festeggiare insieme

Anziché lamentarsi del fatto che molte tradizioni sono andate perdute, se ne possono benissimo creare altre, per esempio quella di organizzare una 'festa di famiglia', che non deve essere per forza legata a una data particolare o altro, ma si può fare ogni volta che avete voglia di rivedere parenti e amici. Molti hanno l'abitudine di abbinare queste riunioni ad altre feste, come per esempio il Natale o simili; un'altra possibilità è organizzare delle riunioni di famiglia nel periodo delle ferie.

Le feste familiari sono spesso le uniche occasioni in cui si ritrovano tutti i parenti. Generalmente è in queste circostanze che i bambini si rendono bene conto per la prima volta di chi appartiene alla cerchia dei loro cari.

Come gestire le 'feste di famiglia'

- Celebratele regolarmente.
- Coinvolgete nei preparativi tutti i componenti della famiglia.
- Tenete conto delle diverse esigenze e dei desideri particolari dei vari parenti («Lo zio Carlo non gradisce il liquore nella torta e alla zia Anna non piacciono i dolci al cioccolato!»)
- Prevedete delle 'pause' in cui ci si possa rilassare e organizzare liberamente.
- Però fate attenzione a che non ci siano troppi 'tempi morti'.
- Dividete le feste familiari in varie fasi (inizio, svolgimento, congedo), assegnando la responsabilità di ciascuna a persone diverse.
- Documentate ciò che avviene con la macchina fotografica o con la videocamera.
- Chiedete a vostro figlio di realizzare lui stesso gli inviti.
- Accogliete e congedate i singoli invitati chiamandoli per nome, ed eventualmente sottolineatelo in modo particolare.

Digiuno come rituale

Non bisognerebbe comunque dimenticare che non vanno favoriti sempre e solamente la convivialità e il divertimento. I bambini devono anche imparare **il significato della rinuncia**, e a superare le frustrazioni, e queste capacità possono essere benissimo esercitate con dei rituali.

In passato, il digiuno e pratiche simili erano legati a motivi religiosi; per esempio, si verificavano periodi di 'mortificazione' nel corso dell'anno liturgico cristiano. Oggi, effettivamente, si constata il decadimento di queste motivazioni, ma è possibile sostituirle con altre anche estranee alla cultura cristiana. Per continuare con il nostro esempio, si può digiunare anche per motivi ideologici o salutistici.

E allora, perché **non limitare di tanto in tanto** la ricchezza del cibo o il consumo di dolci per qualche tempo? Il digiuno comunitario degli adulti, o la modificazione delle abitudini alimentari, per esempio con l'astensione dai dolci dei bambini, possono aumentare **il senso di comunione** all'interno della famiglia o fra gli amici; inoltre non dovrebbero assolutamente essere vissuti come una rinuncia, bensì favorire il buonumore e la gioia di vivere, se praticati nel modo giusto.

Il digiuno dunque non deve assolutamente essere associato al sacrificio e alla privazione. Con i giusti rituali, i giorni dedicati a questa rinuncia consapevole possono essere vissuti nel modo più piacevole possibile.

Aprire nuovi livelli di consapevolezza

La maggior parte delle persone crede che rinunciare a qualcosa sia esclusivamente una limitazione. Solo pochi sanno che la rinuncia consapevole, e limitata a qualche giorno, può aumentare **il piacere di tornare alla normalità**. Provate per una settimana a consumare solamente una ristretta scelta di cibi; terminato questo periodo, tutto il resto vi sembrerà ancora migliore. Oppure fate lo stesso con la televisione: in vacanza, molte famiglie non hanno la possibilità di guardarla, e spesso quando rientrano in città si accorgono di non averne affatto sentito la mancanza. Perché non provate anche a casa a cavarvela senza televisore per una settimana o due? Vi meraviglierete di scoprire quale effetto calmante abbia questo tipo di astinenza sui bambini irrequieti.
Ma esistono anche altre possibilità, che non sono radicali come il digiuno, e che tuttavia possono **acuire positivamente i sensi**

Il digiuno è la rinuncia volontaria. Non deve necessariamente limitarsi ai cibi e/o ai generi voluttuari. Anche la rinuncia per un paio di giorni alla televisione o ad altre abitudini consolidate può contribuire a riconsiderare queste attività sotto una luce diversa.

Qualche volta rinunciate di proposito

Potete provare, di tanto in tanto, a fare a meno, per una settimana intera, di qualcuno dei vostri 'vizi'. Ecco alcuni esempi.

- Eliminate l'alcol o le sigarette.
- Evitate di bere caffè o tè.
- Mangiate vegetariano, o rinunciate ai dolci.
- La sera uscite tutti insieme a fare una passeggiata anziché occuparvi ciascuno dei propri interessi.

Perché il digiuno diventi una 'festa'

- In ogni caso, siete voi che dovete digiunare, non vostro figlio. Ciò nonostante, potete **coinvolgerlo** domandandogli a che cosa sarebbe disposto a rinunciare durante la prossima settimana.
- Se non avete mai osservato il digiuno prima d'ora, chiedete **informazioni al vostro medico** prima di cominciare, e consultate esperti o libri sull'argomento.
- Digiunate **con altri**, fissando insieme regole che possano facilitarvi.
- Dal momento che è comunque possibile assumere succhi di frutta o di verdura, celebrate questi 'pasti' frugali come delle **piccole feste**: accendete una candela, apparecchiate la tavola con cura, mettete un sottofondo musicale e così via.
- **Godete** ogni sorso dei liquidi che bevete durante il digiuno.
- Continuate a praticare regolarmente un po' di **sport** molto leggero.
- Incontratevi ogni giorno con i vostri compagni per **scambiarvi le esperienze** o per fare ginnastica insieme e, durante le eventuali 'crisi', incoraggiatevi a vicenda.
- Per digiunare, riservatevi un paio di giorni di **tranquillità**.
- Se volete continuare a **lavorare**, organizzatevi in modo da disporre di momenti di pausa sufficienti.
- Terminate il digiuno con una **discussione comune** o con un esercizio di meditazione.
- Ricordatevi, nei giorni successivi al digiuno, di mangiare in modo più consapevole e di **gustare** meglio il cibo. Parlate di questa esperienza anche con i vostri familiari, che possibilmente avrete coinvolto. I bambini, per esempio, avranno accettato volentieri di **condividere** i vostri momenti di rilassamento con la musica o la ginnastica (per i quali vi siete presi il tempo necessario!)

I RITUALI COME PARTE DELLA NOSTRA CULTURA

Prepararsi al Natale

Il Natale, l'Epifania, la Pasqua sono, come i compleanni, feste ricorrenti che i bambini aspettano con ansia, ardendo dal desiderio che arrivino presto. Non soltanto per via dei regali, ma anche per **il piacere di stare insieme,** di sentirsi uniti, perché in queste occasioni l'unità della famiglia viene sentita e vissuta molto intensamente.

Quando arriva Babbo Natale

A seconda delle tradizioni locali, il Natale viene festeggiato in modi differenti. In genere i bambini scrivono letterine a Babbo Natale, o a Gesù Bambino, e sperano di svegliarsi la mattina del 25 dicembre e di trovare i doni che avevano chiesto.
Sempre più spesso Babbo Natale viene 'di persona', con o senza accompagnatori, a casa del bambino, oppure addirittura fa una visitina alle scuole o lo si incontra per strada. È sempre affascinante osservare come i bambini più piccoli gli si avvicinino **incantati e rispettosi.** Anche se rilevano incidentalmente che, per esempio, porta le scarpe dello zio Giacomo, essi vedono solamente Babbo Natale che sta davanti a loro con la sua barba bianca e il suo sacco pieno di doni.

Per una volta, provate pure tutti i rituali consueti. Riempite un sacco con i regali, oppure imbottite per bene la calza della Befana, preparate i pacchetti sotto l'albero o convincete un parente a travestirsi da Babbo Natale: vi renderete subito conto di che cosa diverta di più il vostro bambino.

Babbo Natale non deve 'far paura'

Babbo Natale è 'l'amico dei bambini'. Non utilizzatelo come strumento educativo, non servitevene per formulare minacce, e fate in modo che non ecceda con i rimproveri. Dovrebbero essere messe in primo piano le buone azioni, non quelle 'cattive': si dovrebbe preferire la lode alla critica.

Natale per i bambini non è solamente il 'giorno dei regali', ma anche il 'giorno dell'introspezione'. Non è forse vero che l'angelo custode ha riferito a Gesù Bambino durante tutto l'anno come si è comportato il suo protetto? E che Babbo Natale premia solamente i bimbi 'buoni'? Aspettando la visita di Babbo Natale vostro figlio è sollecitato a riflettere e a **fare dell'autocritica**. Così il Natale per i bambini è un po' come per noi adulti la notte di san Silvestro: **si dichiarano i buoni propositi**, per esempio che in futuro si metterà sempre in ordine la cameretta, che non si faranno più tanti dispetti alla sorellina o che non ci si avvicinerà più di soppiatto alla scatola delle caramelle. E spesso, come accade a noi 'grandi', questi buoni propositi non vengono mantenuti molto a lungo. Quante volte proprio la sera dell'ultimo dell'anno vi siete detti che avreste fatto più sport o smesso di fumare?

Un Avvento di meditazione

Chi non associa il tempo dell'Avvento con il profumo di chiodi di garofano, cannella e aghi di pino, con le piacevoli serate al caldo in soggiorno, magari consumando dolcetti tipici alla luce delle candele? Quello dell'Avvento è un periodo dell'anno che per tradizione è completamente **orientato all'attesa** dell'imminente festa del Natale, la nascita di Gesù Bambino, e questo è particolarmente sentito dai nostri figli; possiamo approfittare della loro presenza per occupare quest'attesa con molte usanze, rituali, storie e racconti.

- **Il calendario dell'Avvento** aumenta il piacere dell'attesa del Natale. Ogni giorno, aprendo una casella, il bambino riceve una piccola golosità o una sorpresina: in un certo senso, l'anticipazione di ciò che lo aspetta la mattina di Natale. Se non siete molto entusiasti dei calendari dell'Avvento riempiti di cioccolatini che si trovano in commercio, costruitene uno voi stessi utilizzando scatolette, sacchettini di stoffa o buste per le lettere di cui potete decidere il contenuto secondo i gusti di vostro figlio.

- Fate tutti i preparativi per la festa possibilmente **insieme con i bambini**: con il loro aiuto potete realizzare le decorazioni per l'albero di Natale, decorare le finestre con disegni, colorare, incollare e scrivere i biglietti di auguri.

- Nel periodo dell'Avvento il forno generalmente acquista un ruolo molto speciale. Permettete ai vostri figli di aiutarvi mentre preparate e decorate **biscotti** e dolci tradizionali.

- È bello anche **allestire il presepe** dalla prima domenica di Avvento fino all'Epifania. Sarà sicuramente necessario acquistare alcune statuine, che di anno in anno ritirerete fuori dall'armadio; tutto il resto, però, viene lasciato alla vostra creatività e alla vostra fantasia. Per esempio, quando fate qualche gita nei boschi con i vostri figli raccogliete radici, rametti e muschio per la capanna. Con la carta dorata costruite la stella cometa; chiedete ai vostri figli di cercare nel cesto dei giochi eventuali pecore, buoi, asini, oppure addirittura orsacchiotti, leoni e pinguini, che vogliano partecipare. La notte di Natale, poi, tutta la Sacra Famiglia farà il suo ingresso nel presepe.

- Utilizzate le serate, almeno quella di domenica, anche per **raccontare storie o recitare poesie** di Natale, o per cantare insieme qualche melodia natalizia.

- Il Natale dovrebbe essere la **festa dell'amore** del prossimo e della convivialità. Con i bambini parlate anche delle persone che non sono tanto fortunate, che magari sono malate, sole o tristi. Riflettete su come si possa fare per aiutarle. Sicuramente non potete risolvere voi tutti i problemi sociali, ma forse vicino a casa vostra abita una nonnina che nessuno va mai a trovare. Non si può per una volta invitarla a prendere il tè oppure portarle qualche regalino?

Un'altra bella consuetudine di questo periodo è una passeggiata tutti insieme in uno degli innumerevoli mercatini, per sentire il profumo dei dolci tipici, per ammirare le luminarie di Natale: vedrete come luccicheranno gli occhi dei bambini...

Finalmente è Natale

«Da noi si usava abbreviare l'attesa di Gesù Bambino, la sera della vigilia, con la lettura. Mia madre ci leggeva il libro delle storie di Natale, noi bambini la interrompevamo continuamente per domandare: 'E se è già arrivato?' Allora lei pronunciava le parole: 'Però state ben zitti, che non vi senta!', andava in soggiorno, tornava e la prima volta diceva sempre che non era ancora arrivato. Poi riprendeva la lettura; dopo un po', la scena si ripeteva, e solo alla terza volta diceva che era arrivato e che 'potevamo andare a vedere'.»

Ciascuna famiglia elabora di anno in anno il suo modo di festeggiare il Natale. Generalmente sono determinanti i bambini, con i loro desideri e le loro necessità. Il periodo dell'attesa con tutte le relative sorprese, misteri e preparativi produce nei bambini una **grande tensione e curiosità**; questo stato di eccitazione può rapidamente cambiare di segno se poi tutto avviene troppo in fretta.

In men che non si dica, i pacchetti dei regali sono aperti: e dopo, che cosa si fa?

Un modo consono di coronare la vigilia di Natale è la Messa di mezzanotte. Anche in questa occasione i bambini possono vivere bellissime esperienze e ammirare molte cose: tutte le campane suonano

a festa, la chiesa è sontuosamente decorata, dovunque brillano le candele, in ogni angolo si sente il profumo dell'incenso, coro e organo superano se stessi nei toni gioiosi. E così ci si può immergere pienamente nell'atmosfera del Natale.

Inscenare la festa

- Il senso degli antichi rituali del Natale è esprimere davanti al presepe con canti e storie le **motivazioni cristiane della festa**: la gioia per la nascita del Salvatore. Se questo senso profondo della vigilia viene superato, la festa di Natale si trasforma semplicemente in un banalissimo scambio di regali. Perciò, partecipate tutti insieme alla messa di Natale, sedetevi sotto l'albero addobbato e leggete ai bambini la storia tratta dal *Vangelo*, o cantate insieme qualche canto natalizio.

- Naturalmente potete aumentare ancora la 'tensione' dell'attesa, per esempio facendo aspettare i bambini in camera loro fino al suono di un campanellino: il segnale che è arrivato Gesù Bambino e la festa può cominciare.

- Forse l'apertura dei pacchetti può diventare **un'esperienza comune**: si possono scartare i regali a turno, uno per volta, sotto gli sguardi curiosi degli altri. Poi si cerca di indovinare per chi dei presenti sia stato pensato un certo regalo. Così ciascuno può ammirare e commentare i regali di tutti gli altri.

- Anche **il pranzo di Natale** può essere concepito come rituale. In molte famiglie lo si fa già: si consuma un pranzo tradizionale. «Ogni anno, la sera della vigilia, da noi si mangiava il cappone con le patate.» Voi non immaginate quanto un piccolo piatto banale che si ripete ogni Natale possa rimanere impresso nella memoria di un bambino, e quanto possa restare per anni il sinonimo stesso del Natale. «Ogni volta che mangiavo del cappone, non potevo fare a meno di pensare al Natale.»

Lasciate che vostro figlio creda a Gesù Bambino!

Quando ci sono figli piccoli, in molte famiglie si racconta la storia di Gesù Bambino che viene a portare i regali. E la maggior parte dei bambini ci crede ciecamente. Ma oggi, nella civiltà moderna, non sarebbe più giusto dire loro la verità? Posso rispondere a questa domanda sicuramente con un 'no'. I bambini di età compresa fra 1 e 5 anni (e a volte anche oltre) hanno una grandissima fantasia, e credono a qualsiasi cosa; a questa età infatti si parla anche di 'fase magica'. Se private i vostri figli dei rituali di antica tradizione, togliete loro una parte della nostra cultura. Non abbiate alcun timore di ricorrere ai vecchi e provati strumenti di una volta: credere a Gesù Bambino, a Babbo Natale o alla Befana fa parte del normale sviluppo del bambino.

I rituali diretti particolarmente ai bambini poco per volta si perdono, a mano a mano che i figli crescono. Ma nella gran parte delle famiglie, poi, crescono nuove generazioni di bambini, così che presto le vecchie tradizioni di famiglia possono essere fatte rivivere.

Perché decoriamo l'albero di Natale?

Gli storici hanno scoperto che l'usanza dell'albero di Natale si è sviluppata solamente nel secolo scorso in Germania, e da lì si è diffusa ed è stata apprezzata in tutto il mondo; probabilmente ha avuto origine a Strasburgo, dove è in uso sin dal XVII secolo. L'albero veniva decorato di rose di carta, per simboleggiare il virgulto spuntato dal ramo di Iesse, di cui un'antica canzone tedesca di Natale diceva: «È spuntata una rosa», e di mele, che rappresentavano l'albero del Paradiso terrestre, liberato da Cristo dall'anatema, e tornato capace di portare frutti. L'albero veniva ornato anche di candele che brillando annunciavano: «Io sono la luce del mondo».

Quando decoriamo il nostro albero di Natale non dovremmo dimenticare questa antica simbologia. Tuttavia possiamo anche ricorrere a tutto ciò che **il nostro senso artistico** ci suggerisce per farlo risplendere come un meraviglioso albero del Paradiso.

Per tutti gli addobbi e le luci dovete stare molto attenti! Se per decorare l'albero di Natale utilizzate 'collane' di luci elettriche o candeline di cera, dovete sempre prestare attenzione a non far innescare un incendio. Una festa gioiosa non deve trasformarsi in un'occasione di guai...

Natale nel bosco

Alcuni nostri amici non volevano più portare a casa un abete vero per fare l'albero di Natale. La ritenevano una pratica ecologicamente scorretta; inoltre avevano l'abitudine di trascorrere sempre le vacanze di Natale all'estero, cosicché l'albero rimaneva tutto solo a casa, a spogliarsi dei suoi aghi. Per non togliere ai figli del tutto la gioia dell'albero di Natale escogitarono un nuovo rituale, secondo me molto bello. La vigilia, non appena iniziava a fare buio, tutta la famiglia si copriva bene con gli abiti più pesanti e si incamminava verso il bosco. La meta era sempre lo stesso alberello, che i genitori avevano già scelto in precedenza. Una volta ritrovato, l'alberello veniva adornato con le candeline e le palline portate da casa. Poi tutti accendevano le candeline, cantavano canzoni di Natale, mangiavano dolci e si dividevano un termos di tè caldo. Quando il freddo era troppo intenso per rimanere fuori ancora a lungo, tornavano a casa, al caldo, e si scambiavano i doni. Ovviamente, prima di lasciare il bosco spegnevano le candeline, mentre gli addobbi erano lasciati sull'alberello: doveva pur rallegrarsi anche lui di essere diventato un albero di Natale! Chissà perché, però, quando i bambini tornavano dopo qualche tempo a vedere l'alberello, candeline e palline erano regolarmente sparite.

Conigli e uova di Pasqua

La Pasqua, una festa 'variabile' rispetto al calendario, ha luogo ogni anno nella prima domenica che segue il plenilunio di primavera. È la celebrazione della resurrezione di Gesù, la grande festa gioiosa della Chiesa cristiana, con cui terminano anche i quaranta giorni di penitenza e di digiuno che dovrebbero precederla. La Pasqua è la festività principale della Chiesa cristiana, ed è la più antica: viene celebrata sin dal tempo degli apostoli, in concomitanza con la Pasqua ebraica.

L'usanza di mangiare carne di agnello per il pranzo di Pasqua risale infatti alla festa ebraica. Ci sono anche altre tradizioni che riguardano la Pasqua, per esempio quelle legate ai festeggiamenti di primavera degli antichi Germani, che si fusero con la festa della Pasqua in seguito alla cristianizzazione dell'Europa settentrionale. Perciò la Pasqua continua comunque a essere la **celebrazione del risveglio della natura**, della primavera. L'uovo e il coniglio, antichi simboli di fertilità, oggi sono indissolubilmente legati a questa ricorrenza.

Nel passato, durante la Quaresima non era possibile consumare uova. A Pasqua le uova venivano dipinte, decorate e portate in chiesa per la benedizione. Ancora oggi in certi Paesi esiste l'usanza di decorare delle ceste con fronde e nastri colorati, riempirle di cibo (uova, salumi, pane e sale) e portarle in chiesa per farle benedire.

Rituali per una Pasqua ben riuscita

Anche questa è una festa che i bambini aspettano con una certa eccitazione; alcuni rituali servono a renderla un momento ancora più importante.

- Forse durante la Quaresima voi e i vostri figli **rinunciate ai dolci**: questa abitudine aumenta il piacere di ricevere poi le uova di cioccolato, e inoltre contribuisce ad accrescere **l'autodisciplina**

- Realizzate **una composizione floreale** squisitamente pasquale, per esempio utilizzando fiori, rametti di salice, di faggio o di betulla, e adornatela con tante uova che avrete svuotato e dipinto voi stessi; aggiungete coniglietti e pulcini di stoffa oppure ritagliati nella carta colorata, e altri 'lavoretti' tipici della Pasqua che avrete preparato con i vostri bambini.

- In alcuni Paesi stranieri è tradizione **nascondere le uova di Pasqua in giardino**, o nei boschi limitrofi, e farle cercare ai bambini. Se volete, potete provare questa divertente usanza con i vostri figli: attenzione, però, che gli eventuali nascondigli siano adeguati alla capacità e alla pazienza dei piccoli, che non siano cioè né troppo difficoltosi da reperire, né troppo evidenti. Sembra assolutamente logico, ma non è così facile...

- Anche **giochi** tipo le 'battaglie di uova' alla colazione della domenica di Pasqua possono divenire un piccolo rito: due componenti della famiglia, a turno, fanno cozzare la punta del proprio uovo sodo contro quella dell'altro: vincerà chi si ritrova alla fine con il guscio ancora intatto.

RITUALI PER I MOMENTI DI CRISI

Le malattie

Lo sviluppo infantile viene occasionalmente interrotto da diversi momenti difficili, che però potete superare facilmente. Le malattie rappresentano crisi **tipiche del processo di crescita** di vostro figlio, tuttavia non è il caso di preoccuparsi, anzi: esse spesso comportano anche **qualche vantaggio**. Dopo la scomparsa dei sintomi e la guarigione, infatti, generalmente il sistema immunitario impara a dosare le proprie forze, riuscendo in seguito a difendere meglio la salute di vostro figlio. Perciò, cercate di affrontare con serenità la maggioranza delle inevitabili malattie tipicamente infantili, e insegnate questo tipo di approccio anche ai bambini con il vostro atteggiamento.

Ciò che più importa a vostro figlio quando è malato è che gli dimostriate di essere a sua disposizione, che avete tempo per lui, e gli siete vicini. Sentire il sostegno psicologico è già un grande passo avanti sulla strada della guarigione.

In caso di dubbio, subito dal medico

Può certamente accadere che vostro figlio si possa ammalare seriamente; tuttavia è molto probabile che ve ne accorgereste subito. Se questo è il caso, non procedete per tentativi, ma **rivolgetevi** immediatamente **al vostro medico**. Il modo in cui affrontate questi problemi in famiglia potrà dare a vostro figlio un esempio che lo aiuterà a riconoscere meglio la sua malattia, a informarvene per tempo e, non ultimo, a superare più facilmente la crisi perché si sente **al sicuro e ben curato**.

Come comportarsi in caso di malattie

- Meglio andare dal medico una volta in più piuttosto che una volta in meno!
- Chiedete al vostro medico informazioni su eventuali metodi di autocura.
- Incoraggiate vostro figlio a dirvi subito quando non sta bene, e a riguardarsi.

«Un bacino e passa tutto»

I piccoli riti non fanno guarire, è chiaro, tuttavia spesso sono utili, seppure **in maniera simbolica**, poiché sollecitano il bambino a trovare dentro di sé la forza per guarire o per far passare in secondo piano il suo malessere.

Anche se si tratta di piccoli infortuni facilmente dimenticabili, è importante che curiate il vostro bambino con gesti affettuosi. Questo aiuta il suo l'equilibrio psichico a ristabilirsi rapidamente, e così il dolore diventa più facilmente sopportabile.

- La vostra mamma non vi ha mai fatto passare il dolore con un bacino, quando vi capitava di cadere o di urtare contro qualcosa? Magari si serviva di qualche frase o canzoncina particolare che significavano: «Il male non c'è più»; questi potevano già essere considerati rituali per lenire il dolore. Il fatto che da una parte la madre prenda il dolore seriamente, ma che dall'altra abbia anche **pronto un rimedio**, permette al bambino di sopportare molto meglio la situazione.
- Lo stesso vale quando il bambino sanguina. Generalmente il bambino non smette di piangere finché la ferita non è coperta con **un cerotto**; infatti, in base al detto: «Lontano dagli occhi, lontano dal cuore», in questo caso metà del male è già passata.

- Se vostro figlio si è tagliato un dito e dovete coprirne la punta, sul cerotto potete **disegnare una faccina buffa** in modo che il dito diventi una specie di pupazzetto: «Guarda, il tuo dito ride già: vedrai che guarirà sicuramente molto presto».
- Anche per il bambino che deve rimanere **a letto malato** in ogni famiglia esistono determinati rituali che vengono attuati regolarmente; per esempio, in caso di mal di gola è permesso mangiare un po' più di gelato, oppure in caso di mal di pancia viene applicata la borsa dell'acqua calda, con sopra disegnato un leoncino che spaventa il dolore o chissà che altro. Nella mia famiglia si usava curare certi disturbi con lo sciroppo di sambuco, che la mamma aveva preparato in casa e che a noi bambini piaceva tanto.

Attenzioni particolari

Le malattie sono occasioni in cui al bambino si dedicano attenzioni particolari. Perciò in molte famiglie si sono creati alcuni piccoli riti mirati ad aiutare il piccolo paziente a guarire presto. Ciò nonostante, è importante che le 'attenzioni particolari' non vengano elargite solo in caso di malattia, altrimenti si corre il rischio che il bambino sia **'costretto' ad ammalarsi** per ricevere ciò di cui ha bisogno.

«Per noi era abitudine che quando i bambini erano ammalati fosse la madre a curarli; nostro padre non veniva nemmeno a salutarci. Questo ci dispiaceva molto, perché il suo conforto ci sarebbe stato assai utile. Oggi faccio in modo che sia proprio mio marito a occuparsi dei bambini quando sono malati, perciò abbiamo creato alcuni piccoli riti che non ce lo fanno dimenticare.»

«Papà deve venire a misurarmi la febbre»

«Quando i bambini sono malati, mio marito ha il compito di fare il 'dottore' e di visitare il 'paziente'. Mio figlio (6 anni) ci è

talmente abituato che a ogni starnuto grida subito: 'Papà deve venire a misurarmi la febbre!' Gli piace così tanto che credo che solo con questa visita si senta meglio e guarisca più in fretta!»

«La mamma mi porta da mangiare a letto»

In giornate normali sono poche le occasioni per dedicarsi ai bambini in modo speciale; generalmente questo accade in occasione di feste o simili. Le malattie possono determinare una **pausa di riflessione**, e rappresentare un segnale che ci spinge a fermarci e a ripensare a ogni cosa. Forse è necessario recuperare un po' di tempo in più per i bambini e segnalarlo in modo molto preciso, dedicandosi a loro in maniera diversa o più intensa del solito.

«Quando i miei figli sono malati e devono rimanere in riguardo io porto loro da mangiare a letto; cosa che diversamente non avviene mai. Ai bambini piace molto essere serviti da me in questo modo. Quando sono dovuta restare a riposo io per un paio di giorni, a causa di un'influenza, il mio figlio più grande (14 anni) mi ha portato lui stesso la colazione a letto. Mi ha fatto molto piacere!»

Quando possono essere utili i rituali in caso di malattia

- Creano una speciale intimità fra genitori e bambino.
- Regalano qualche lato positivo alla condizione di malato.
- Rassicurano il bambino e gli danno fiducia in una pronta guarigione.

Scacciare la paura

I rituali possono anche contribuire a superare meglio le paure, o addirittura a dissiparle. I bambini sono già ampiamente capaci di escogitare delle pratiche per **contenere i loro timori**; in alcuni casi, però, occorre che noi adulti diamo a loro un aiuto ulteriore. Per esempio, i bambini hanno spesso paura del temporale; si sentono completamente indifesi, perché non sanno ancora spiegarsi da dove venga tutto quel rumore spaventoso. Trasformate quindi in questi casi il vostro comportamento in un rito che dia ai bambini un particolare **senso di sicurezza e di intimità**; con ciò, toglierete loro la paura e trasformerete ogni inquietante temporale in un'esperienza di intenso calore familiare.

Anche molti rituali tipici delle popolazioni primitive traevano origine dalla paura dei fenomeni naturali incomprensibili e difficilmente controllabili, che venivano considerati di origine divina e che si cercava di placare con cerimonie sacrificali, danze e canti propiziatori.

- Quando si prepara un temporale prendete con vostro figlio le misure necessarie a **proteggere qualche oggetto** particolare. Uscite in giardino a raccogliere tutti i giocattoli, mettete al riparo i cuscini delle seggiole del giardino, portate il triciclo nel box. Dite a vostro figlio: «Ecco: adesso che tutte le cose sono al riparo, non può succeder loro niente di male».
- Poi tornate in casa e **mettetevi comodi**. Staccate il televisore dalla corrente, spegnete tutte le luci, accendendo piuttosto delle candele, e dedicatevi alle 'coccole' oppure a raccontare storie.
- Se il bambino non è troppo spaventato, potete mettervi insieme alla finestra e **guardare che cosa succede fuori**. Spiegategli perché ci sono tuoni e lampi e perché il tuono arriva sempre un po' dopo il lampo. Se nemmeno voi lo sapete troppo bene, procuratevi un libro che parli della natura e dei suoi fenomeni, e leggetelo insieme con i vostri figli.
- Dopo il temporale **uscite tutti** in giardino, se ce l'avete, magari a piedi nudi, se la stagione lo consente, per sentire meglio l'erba bagnata. Respirate l'aria fresca e pulita, e rallegratevi che tutto sia finito.

Rituali personali

I bambini sviluppano anche rituali personali **contro la paura e la solitudine**. Per esempio, sin da neonati (a volte perfino quando sono ancora nel grembo materno) essi **succhiano il pollice** o il pugno per tranquillizzarsi. Questo gesto viene scoperto autonomamente dalla maggior parte dei bambini dopo un tempo relativamente breve, perché è un'azione simile a succhiare il seno della mamma da cui essi si aspettano il medesimo effetto. La suzione tranquillizza vostro figlio, in quanto provoca la secrezione di un certo tipo di ormoni, le endorfine, che hanno un effetto calmante sul cervello.

I bambini dimostrano moltissima fantasia quando si tratta di descrivere e organizzare il loro mondo. Perciò dovreste lasciare che pratichino i loro rituali, se non sono pericolosi, anche se per voi risultano incomprensibili.

«L'orsacchiotto sta sempre con me»

«Mia figlia (2 anni) si porta sempre dietro un vecchio pezzo di stoffa, e ogni tanto se ne mette in bocca un angolino e lo succhia. Quando è sporco e cerco di prenderglielo per lavarlo, si mette a gridare.»

Il vizio della primissima infanzia di succhiare il dito o altro viene spesso sostituito successivamente da **un amore quasi maniacale verso un oggetto** la cui presenza deve essere sempre garantita. Perciò, ci sarà un bambino che porta sempre e dovunque con sé la sua piccola giraffa di stoffa, o un altro che quando è triste o stanco ha assolutamente bisogno della sua copertina con sopra disegnato l'orsacchiotto. Noi adulti reagiamo spesso scandalizzati a questo culto del peluche (o del lenzuolino): infatti Ciccio, Puffi, Titti, o come si chiama, ha le orecchie che gli pendono dalla testa e sono prossime a staccarsi, in alcuni punti è completamente pelato per le troppe carezze e ne ha altri ridotti in maniera pietosa dal continuo succhiare. È proprio questa mania di succhiare che proprio non può portare a nulla di buono, quanto meno dal punto di vista dell'igiene; almeno così la pensiamo noi. Eppure gli psicologi più preparati sono di tutt'altra opinione. Infatti hanno scoperto che questi **'oggetti di transizione'**, come li chiamano loro, sono estremamente **importanti** per il processo di separazione del bambino da noi adulti e, se non vogliamo disturbare l'evoluzione dei nostri figli, dobbiamo imparare ad accettare questi 'amici e consolatori' con tutto ciò che ne consegue: succhiare, strofinare, abbracciare, portare in giro. A un certo punto **tutto finisce da sé**, e i bambini sviluppano altri strumenti per vincere le loro paure.

Siate sinceri con voi stessi: vi sono completamente estranei i rituali di questo tipo o abitudini simili? Non avete talismani, non vi capita di giocherellare con una collanina o una matita, non vi mangiate mai le unghie? Non è necessario che si tratti sempre di vere e proprie paure da compensare in questo modo. Però tutti siamo più o meno soggetti a nervosismi...

La paura dei cambiamenti

Per alcuni bambini, **l'inserimento alla scuola materna** non è un problema. Sono contenti di poter giocare e divertirsi con i compagni. Lasciano andare via la mamma che li ha accompagnati senza fare tante storie, e sono disponibili ad accettare la nuova situazione. Ma che cosa si può fare se vostro figlio piange, grida, si aggrappa a voi e non vuole lasciarvi andare a nessun costo? Potete senz'altro far fronte a questo problema organizzandovi per tempo.

● **Scegliete con cura l'asilo** in cui mandare vostro figlio! Fatevi un'opinione ben precisa dell'atmosfera dell'istituto e di chi ci lavora.

- **Preparate** vostro figlio **alla sua prima visita** all'asilo, magari procurandovi dei libri illustrati per mezzo dei quali potrebbe farsi un'idea di ciò che vi accade.
- Concordate con le educatrici **alcuni giorni di prova** in cui potrete fermarvi all'asilo a giocare con vostro figlio. Egli imparerà a conoscere l'ambiente e gli altri bambini, e potrà acquisire sicurezza.

Coltivare l'istinto della lotta

Nella vita non tutto è sempre armonia. La convivenza con altri esseri umani è densa di conflitti, problemi e crisi. Spesso opinioni opposte si scontrano, e in men che non si dica si sviluppa una lite furibonda.

Litigare in sé non è male: può servire a fare piazza pulita dei malintesi. Se vostro figlio deve imparare come fare per affermarsi, occorre che gli mostriate anche **come si litiga 'nel modo giusto'**, cioè come lasciar parlare l'altro, portare avanti le proprie argomentazioni e giungere successivamente a un compromesso che possa soddisfare entrambi. Inoltre potete anche insegnare a vostro figlio un piccolo 'rituale della rabbia' in cui gli mostrerete come sia possibile dare sfogo alla propria collera **senza nuocere agli altri**

Nel Medioevo, e anche nella storia più antica, il duello era una forma di lotta assai praticata, in quanto consentiva di limitare il più possibile i danni. Anziché schierare due eserciti uno contro l'altro, in caso di conflitto venivano scelti due campioni che risolvevano le questioni a fil di spada.

Elaborare le perdite con rituali per il lutto

«A mia figlia Sibilla (9 anni) era morta la tartaruga. Andò in giardino e la seppellì in una cassettina. Fece una lapide su cui ne scrisse il nome, e dopo la sepoltura pregò per la sua anima.»

La maggioranza dei giochi infantili, che possono anche prendere la forma di rituali sviluppati autonomamente oppure copiati,
ha origine da conflitti reali che il bambino percepisce e cerca
appunto di risolvere nel gioco o nel rito. La **perdita** di una persona amata, di un animale o anche di un oggetto **fa emergere**
le **paure** più profonde dei bambini. Se muore un animaletto do-
mestico, facilmente essi si sentono in colpa, pensano di aver
sbagliato qualcosa e che la morte dell'animale sia per loro la
meritata punizione. Il rito della sepoltura aiuta il bambino a contenere questo conflitto interiore, e forse anche a risolverlo. Potete dare il vostro contributo avviando **qualche colloquio** con
vostro figlio, usando però molta cautela e sensibilità.

**La messa funebre, la sepoltura o il ricevimento con
i parenti non rappresentano soltanto la fine e la perdita;
stanno anche a significare che per chi rimane la vita
prosegue, e che esiste l'aldilà per chi ci ha lasciato.**

Con vostro figlio parlate anche della morte

Farete bene a preparare vostro figlio alla morte come parte normale della vita, così come lo è la nascita. Purtroppo viviamo in
una cultura piena di inibizioni: tendiamo piuttosto a trattare la
morte come un tabù, anziché discuterne apertamente.
Eppure, se volete aiutare vostro figlio a venire a capo dei suoi sentimenti, dovete assolutamente **parlarne con lui**, naturalmente
con tatto e sensibilità. Ciò gli serve a non trarre conclusioni sbagliate dalla morte del cane o del gatto di casa o, peggio, di qualche congiunto. Se l'argomento viene trattato **con naturalezza** in
famiglia, i bambini imparano prima a superare anche le perdite.

I lutti fra gli amici o in famiglia

Scegliete voi a quale età intendete cominciare a preparare vostro figlio. Dal momento che conoscete meglio di chiunque al-

tro il vostro bambino, saprete quando potrete azzardare un discorso di questo genere con lui. Per permettere che abbia maggiori possibilità di superare anche qualche brutto colpo del destino, occorre che un argomento difficile come la morte venga introdotto lentamente e con sensibilità. L'esempio del funerale della tartaruga rappresenta una buona occasione per far prendere ai bambini familiarità con i nostri rituali della morte.

I bambini possono partecipare ai funerali?

Sta a voi decidere a quale età potete portare vostro figlio a un funerale; dovete valutare se il bambino sia maturo abbastanza per potersi confrontare con un'esperienza di questo tipo. Non esistono regole fisse; conta molto anche quanto pensate di essere in grado di sostenere vostro figlio, e saper affrontare nel modo corretto le sue reazioni. E, naturalmente, è decisivo il rapporto che vostro figlio aveva con la persona che è mancata.
Ricordatevi di non credere solamente, in base ai vostri meccanismi di rimozione, che il bambino «non è ancora pronto!», mentre in realtà siete voi che non volete.
Si tratta di pensare seriamente come potete aiutare vostro figlio a superare la perdita di una persona cara, e di dargli la possibilità di congedarsi da essa.

**Fate capire a vostro figlio che quando una persona muore non va affatto per questo dimenticata.
Continuate a ricordare i vostri defunti parlandone insieme e visitando regolarmente il cimitero;
questo contribuirà a far accettare al bambino l'idea che la morte sia un evento naturale.**

Un addio chiaro e netto

Anche se ritenete che i vostri figli siano ancora troppo piccoli per prendere parte a un funerale, dovreste escogitare qualcosa per dare loro la possibilità di congedarsi dalla persona amata, o comunque nota, in una forma diversa. È meglio parlarne **guardando qualche fotografia**: si passano in rassegna i momenti belli e quelli brutti, si raccontano aneddoti e si ride di qualche eventuale episodio buffo.

Quando possono essere utili i rituali in caso di lutto

- Aiutano a congedarsi da una persona che si è conosciuta o amata, e a superare il dolore della sua perdita.
- Ci si occupa, in questo modo, anche di ciò che non si riesce a comprendere.
- Forniscono l'occasione di fare l'esperienza della morte come parte essenziale e inevitabile della vita.

RITUALI PER LO STUDIO

Le difficoltà di apprendimento e le loro cause

Le difficoltà di apprendimento di un bambino **mettono a dura prova** la maggior parte dei genitori. Quale madre e quale padre non vorrebbero che il loro figlio studiasse senza grossi problemi e ottenesse buoni risultati? Le richieste ai bambini di questo tipo sono aumentate negli ultimi decenni, e molti di essi invece hanno difficoltà a scuola. Non riescono a seguire la lezione, non la capiscono, sono distratti, sono irrequieti, non fanno i compiti o li fanno male. Altri bambini rimangono indifferenti, sognano magari a occhi aperti, e altri ancora attirano l'attenzione dei compagni facendo i buffoni.

Problemi psicologici e 'ansia da prestazione'

Le difficoltà di apprendimento a scuola per la maggior parte dei bambini sono la conseguenza di **problemi psicologici** non ancora superati. Perciò è importante **ricercarne le cause** e trovare nella quotidianità il tempo di occuparsi adeguatamente del bambino. Solo così è possibile garantirgli la presenza amorosa che gli serve per risolvere i suoi problemi. Per vostro figlio già il passaggio dalla scuola materna a quella elementare può scatenare una crisi evolutiva, poiché parallelamente si verificano anche grandi cambiamenti nell'organizzazione della giornata e nel tipo di richieste che gli vengono fatte. Come genitori potete essere di aiuto a vostro figlio cercando di **rendergli il passaggio più dolce possibile, e di sostenerlo** quando dovrà più tardi affrontare eventuali difficoltà di apprendimento. Tuttavia, non è soltanto all'inizio della carriera scolastica che possono verificarsi momenti di crisi; anche le **fasi di passaggio** fra due diversi livelli scolastici rappresentano **periodi di maggiore sollecita-**

zione. Gli **esami**, per esempio, appartengono a questo genere
di esperienze. I rituali giocano un ruolo importante per il supe-
ramento della tensione a scuola, che peraltro è assolutamente naturale, e favoriscono una soluzione pratica dei problemi, grandi
o piccoli che siano. Al giorno d'oggi è particolarmente importante per tutti i bambini avvicinarsi all'istruzione nel miglior modo possibile e imparare a controllare la tensione interna ed ester-
na. Seguendo il vostro esempio, vostro figlio può imparare a con-
frontarsi in maniera più rilassata con l'**'ansia da prestazione'**.

**Spesso, quando i risultati scolastici sono inferiori
alle aspettative, le cause sono di origine psicologica.
Cercate di scoprire le ragioni dell'insuccesso rimanendo
al fianco del vostro bambino, pronti ad aiutarlo,
anziché rimproverarlo per i brutti voti.**

Attenzione: verifica!

*«Mia figlia (12 anni) ha una paura terribile delle verifiche. Ini-
zia la sera prima a girare nervosamente per casa, lamentando-
si che 'non ce la farà'.»*

La paura delle verifiche può dipendere da una preparazione in-
sufficiente. Ma può essere anche **paura delle conseguenze**;
aspettative troppo elevate e mancanza di fiducia nelle proprie capacità sono spesso le cause di timori esagerati.

**La 'paura della scuola' può avere ragioni diverse.
Qualche volta può essere la consapevolezza della
propria 'pigrizia' a causare il timore di un esame
o di una verifica.**

Nel caso in cui vostro figlio si riveli uno 'sfaticato', serve a poco
continuare a rimproverarlo: esortatelo piuttosto a **prepararsi
meglio** per gli impegni successivi. Può essere utile affrontare ap-

profonditamente il discorso una volta per tutte con il bambino. Potete aiutarlo a **dominare la paura** domandandogli regolarmente quando avrà la prossima verifica, e come sta procedendo la sua preparazione.

E quando tocca a me?

«Mia figlia ha paura di esporsi, a scuola. Ogni volta che l'insegnante la interroga, non si ricorda più che cosa le era stato chiesto, e rimane lì completamente inebetita!»

Molti bambini hanno una paura tale della scuola che a ogni richiesta di prestazione si fanno prendere dal panico. Può anche non trattarsi necessariamente di esami o verifiche.

- Spesso si tratta della paura quotidiana di **essere interrogati**;
- oppure della possibilità costante di essere interpellati per **rispondere a una domanda**;
- o ancora, non si riesce a dare risposta a una domanda per **timore di sbagliare**, pur essendo preparati.

Comunque, se la situazione vi sembra particolarmente preoccupante fareste bene a parlare con l'insegnante, oppure rivolgervi a un centro di consulenza pedagogica. Per i disturbi minori, però, può essere sufficiente **parlare con il bambino** spiegandogli chiaramente che una buona preparazione dà sicurezza e toglie la paura, oppure anche insegnargli **un esercizio di respirazione o di rilassamento** qualora il problema non avesse strettamente a che fare con lo zelo nello studio.

Mantenetevi in stretto contatto con gli insegnanti dei vostri figli, che conoscono solamente un aspetto della vita dei loro scolari. Spesso è più facile trovare insieme le soluzioni per alcune difficoltà di apprendimento o paure apparentemente inspiegabili.

Richieste esagerate

La ricerca scientifica ha dimostrato che molti dei problemi scolastici di oggi, a tutte le età, non sempre dipendono da una scarsa preparazione o da carenze del metodo di studio, ma spesso sono riconducibili a un **livello di stress** troppo alto, e possono produrre temibili blocchi mentali.
Naturalmente vostro figlio deve anche imparare a studiare nel modo giusto, eppure talvolta è più importante che prima sia in grado di **allentare l'eventuale tensione** per poter poi affrontare i suoi impegni scolastici in maniera più efficace.

Come combattere le difficoltà di apprendimento

Per quanto riguarda la lotta alla paura della scuola e alle difficoltà di apprendimento, possiamo fissare due punti particolarmente importanti.

- Dovete **parlare regolarmente** con vostro figlio delle richieste che gli vengono dalla scuola, e delle sue rispettive valutazioni.
- Inoltre, dovete comunicare a vostro figlio **un atteggiamento più rilassato** nei confronti dell''ansia da prestazione'.

Parlare dei problemi

Potete anche trasformare questo tipo di colloquio in un rituale, trovandovi con vostro figlio **una volta la settimana per parlare** di quella appena passata e di quella entrante. Dategli la possibilità di **dare sfogo alle sue paure**, e aiutatelo a ricercarne le cause. Siate anche disponibili a una certa autocritica e a sentirvi fare delle osservazioni polemiche da vostro figlio. Domandategli per esempio: «Posso fare qualcosa di più o di diverso per diminuire la tua paura?» Poi **cercate insieme le soluzioni**. Mettetevi d'accordo su che cosa vorrà fare vostro figlio nella prossima settimana e come voi potrete aiutarlo.

Si studia meglio quando si è rilassati

Quasi tutti i bambini reagiscono positivamente alle **tecniche di rilassamento**, tuttavia solamente una minoranza ne ha dimestichezza. Nel caso in cui desideriate insegnare a vostro figlio uno di questi metodi, dovete rendervi bene conto che più voi stessi siete rilassati nel vostro rapporto con il bambino, più facilmente lui stesso saprà esserlo a sua volta. Esistono CD o audiocassette per agevolare il rilassamento, che potete ascoltare insieme con vostro figlio. Inoltre diversi enti pubblici e privati offrono corsi di questo genere. Nel paragrafo seguente troverete illustrata brevemente una tecnica che potete eseguire con il vostro bambino, se è in età scolare.

Il metodo Jacobson per il rilassamento

«Mio figlio Dino (9 anni) era molto distratto a scuola. La conseguenza fu che rischiava la bocciatura. Un amico ci consigliò di provare a insegnare al bambino un metodo di rilassamento, perché lui stesso aveva ottenuto buoni risultati. Ho imparato il metodo Jacobson frequentando un apposito corso, e poi ho iniziato a fare gli esercizi con mio figlio. Già dopo un paio di settimane i suoi voti erano migliorati.»

La paura provoca la secrezione degli ormoni dello stress, che a loro volta bloccano la trasmissione delle informazioni nel cervello. Da qui nascono i **blocchi mentali** tanto temuti dagli studenti; di sicuro anche voi ricorderete di aver vissuto questo tipo di sensazione, quando andavate a scuola.

«Mi ero preparata bene. Eppure durante l'interrogazione tutto quello che sapevo improvvisamente era come scomparso. Non mi ricordavo più niente. È stato terribile» (Sabina, 13 anni).

Con **il metodo Jacobson**, che è facile da imparare, è possibile evitare i blocchi mentali e migliorare il rendimento scolastico in generale.

Esso consiste nell'insegnare a vostro figlio a **rilassarsi al suo stesso comando**. Ciò è possibile grazie all'alternarsi di tensione e distensione a livello muscolare. È molto semplice: per esempio, si serrano i pugni, si mantiene la tensione per un momento e poi si lasciano andare. Lo stesso si fa con gli altri grandi gruppi muscolari.

Durante l'esecuzione di tutti gli esercizi è assolutamente necessario continuare a respirare con calma e regolarmente, anche quando i muscoli sono contratti. L'ideale sarebbe inspirare cercando di incanalare l'aria proprio 'all'interno' dei muscoli contratti.

La sequenza corretta

Nell'alternare contrazioni e distensioni, si parte dalle mani e poi si agisce su tutti i grandi gruppi muscolari fino ad arrivare alle dita dei piedi. Per lavorare correttamente e in tutte le parti del corpo, seguite l'ordine indicato.

1. Mani
2. Braccia (bicipiti)
3. Pettorali
4. Addominali

5. Glutei
6. Cosce
7. Polpaccio
8. Dita dei piedi

Gli esercizi del rilassamento progressivo

La preparazione
- Cercate insieme con vostro figlio un **punto tranquillo** della casa e fate in modo che nessuno vi disturbi per i prossimi 15 minuti.
- Mostrate a vostro figlio come **stare seduto** in posizione eretta: il busto deve essere diritto, formare un angolo di 90° con le cosce, e anche le ginocchia devono essere piegate ad angolo retto. Il dorso non deve essere appoggiato allo schienale: è la colonna vertebrale che si deve reggere da sé. Le mani sono appoggiate sulle cosce.
- Prima di iniziare, fategli togliere tutti gli **indumenti stretti**, anche l'orologio e le scarpe.
- **Mostrate** prima voi ogni esercizio a vostro figlio. Fategli vedere, per esempio, come deve serrare i pugni e così via.

È meglio che gli **leggiate** brevemente ad alta voce il testo che segue, prima di iniziare il training. Leggendo, dovete fare attenzione a inserire pause sufficientemente lunghe. I tempi per i singoli esercizi sono indicati fra parentesi. Potete leggergli il training di persona, oppure **inciderlo** su una cassetta. In questo modo egli potrà eseguire gli esercizi anche senza di voi.

Il training

Chiedete a vostro figlio di **chiudere gli occhi e concentrarsi** sul suo corpo. Dategli i comandi allo stesso modo, affinché ci si abitui e li ricordi.

1. Ora stringi i pugni. Mantieni la tensione per un momento (da cinque a otto secondi), e poi lasciali andare. Senti le tue mani che lentamente si rilassano. Sempre più profondamente.
2. Ora piega le braccia contro il corpo in modo da contrarre i bicipiti. Senti per un momento la tensione e poi lasciali andare. Senti le tue braccia che lentamente si rilassano. Sempre più profondamente.
3. Ora fai un bel respiro profondo e poi trattienilo un attimo. Tieni il respiro per un momento (da cinque a otto secondi), e poi di nuovo espira profondamente. Senti il piacevole e caldo senso di rilassamento che si diffonde in tutto il tuo petto. Sempre più profondamente.
4. Ora contrai i muscoli della pancia. Mantienili in tensione per un momento (da cinque a otto secondi), e poi rilasciali di nuovo. Senti il piacevole e caldo senso di rilassamento che si diffonde nella pancia. Sempre più profondamente.
5. Adesso contrai i glutei. Mantienili in tensione per un momento (da cinque a otto secondi), e poi rilasciali di nuovo. Senti che lentamente si rilassano. Sempre più profondamente.
6. Ora contrai i muscoli delle cosce, continuando a stare saldamente ancorato a terra con i piedi. Mantieni la tensione per un momento (da cinque a otto secondi), e rilascia. Senti le tue gambe che lentamente si rilassano. Sempre più profondamente.
7. Ora contrai i polpacci, sollevando le punte dei piedi o addirittura tirandole verso il ginocchio. Mantieni la tensione per un momento (da cinque a otto secondi) e poi lascia ricadere i piedi. Senti il rilassamento che si diffonde anche nei polpacci. Sempre più profondamente.
8. Per ultime, serra le dita dei piedi. Mantieni la tensione per un momento (da cinque a otto secondi), e poi rilascia. Senti che anche i tuoi piedi lentamente si rilassano. Sempre più profondamente.
9. Ora conta lentamente all'indietro da tre a zero, e serra un'altra volta i pugni, poi apri lentamente gli occhi.

Alla fine dell'esercizio potete chiedere a vostro figlio come gli è sembrato, e in che punto, o con quale muscolo, sarebbe meglio **lavorare più a fondo** la prossima volta. In questo modo si può aumentare ulteriormente l'**efficacia** del training di rilassamento.

Potete scandire con precisione la durata della fase
di contrazione contando mentalmente, oppure
ad alta voce, per i vostri figli, soprattutto se volete
incidere le istruzioni su di una cassetta.

Un suggerimento importante

Il segreto dell'efficacia di questi esercizi è che essi vengano ripe-
tuti regolarmente. Solo così se ne potrà apprezzare l'effetto rilassante e trarne vantaggio. Possono inoltre essere utili ai vostri
bambini anche esercizi di yoga o di meditazione; chiedete un
consiglio a esperti o leggete buoni libri sull'argomento.

Altri metodi di rilassamento per ogni occasione

Potete sperimentare su voi stessi i seguenti metodi, e altri simili,
e poi insegnarli a vostro figlio.

- **Serrate i pugni e poi rilasciateli.** Sentite le vostre mani che
  si rilassano lentamente.
- **Concentratevi** e poi impartitevi da soli il comando: «Stai calmo e respira profondamente!»
- **Inspirate profondamente** e poi trattenete il respiro per un
  momento. Quattro secondi circa. Poi espirate di nuovo profondamente. Avrete bisogno da sei a otto secondi circa. Poi inspirate ancora. Per farlo, impiegate qualche secondo. Ripetete una volta o due questo piccolo esercizio di respirazione. Dopo vi sentirete molto ritemprati.
- Chiudete un momento gli occhi e **immaginate** di essere seduti
  al sole nel vostro luogo di villeggiatura ideale. Concentratevi
  sulle vostre percezioni, fino a sentire il calore del sole sulla pel-
  le.
- Potete prima **provare voi stessi** questi metodi, o altri simili,
  e poi insegnarli a vostro figlio.

La solidarietà paga

In tutte le situazioni scolastiche problematiche si tratta di comunicare al bambino: sono qui per te, per **aiutarti a risolvere** le tue difficoltà. A vostro figlio serve anche l'esempio che gli date. Con il vostro comportamento gli dimostrate chiaramente che situazioni del genere si possono risolvere.

«Ho sempre cercato di far capire ai miei figli che ce la potevano fare. Raccontavo loro anche qualche episodio di quando andavo a scuola io, delle marachelle che facevo. Ai bambini è servito vedere che perfino la mamma aveva di questi problemi, e che li ha superati. Naturalmente ho anche insegnato loro un paio di trucchi che usavo quando andavo a scuola per superare queste difficoltà.»

Dichiaratevi solidali con vostro figlio. Sicuramente ognuno di noi ha dovuto superare ostacoli di questo tipo: la paura e il nervosismo prima degli esami, un compito in classe andato male e il timore di doverlo 'confessare' ai genitori sono sentimenti assolutamente normali nella vita scolastica di qualsiasi persona.

Fategli vedere come si fa

Può essere utile non solo raccontare al bambino che cosa facevate voi, ma anche **farglielo vedere direttamente**. Un piccolo 'gioco di ruolo', in cui siete il protagonista e avete paura di essere interrogati dall'insegnante, non scatenerà soltanto eventuali risate, ma insegnerà anche a vostro figlio a trovare soluzioni. Dovete soprattutto far vedere almeno una volta a vostro figlio **come si eseguono gli esercizi** di respirazione e di rilassamento. Egli potrà così ascoltare la vostra voce e osservarvi, e collegherà di conseguenza ciò che avrà udito e visto con i vari esercizi. Ciò rappresenta **un aiuto essenziale** per l'apprendimento di queste tecniche.

I compiti a casa

«Quando mio figlio torna a casa da scuola non ha voglia di fare i compiti. Dopo pranzo vorrebbe giocare, e quindi chiede di poterli fare la sera. A volte acconsento, a volte no. Però non so che cosa sia meglio veramente. In entrambi i casi, non mi sento soddisfatta.»

Sicuramente, pure voi avrete questo problema, o altri simili. Anche per risolvere questo tipo di difficoltà piccoli riti possono essere di grande aiuto; infatti, considerando la situazione con maggiore attenzione, potrete subito constatare che vostro figlio ne ha già sviluppato di suoi propri, per venire a capo del penoso obbligo di fare i compiti. Il fatto tuttavia che questi rituali siano veramente efficaci è tutto da verificare. Se vostro figlio non vuole fare i compiti appena tornato da scuola, forse è perché, dopo una lunga mattinata che in certe classi equivale come impegno a una normale giornata di lavoro per gli adulti, **si sente stressato e stanco**. Generalmente, questo è tutto perfettamente normale. Tuttavia può anche capitare che durante l'arco della giornata vostro figlio si dimentichi di avere ancora dei compiti da fare, e la sera sia troppo tardi e il bambino, naturalmente, sia stanco. Che cosa potete fare in questa situazione? Come potete unire i rituali di vostro figlio, già esistenti, con altri nuovi e più efficaci?

Trovare insieme il rituale giusto

Se il bambino torna a casa da scuola e mostra chiaramente di non avere nessuna voglia di fare i compiti, **incoraggiatelo** con qualche frase come: «Ti capisco perfettamente. So che sei stanco, lo sarei anch'io dopo una giornata lunga e faticosa come la tua». In questo modo vostro figlio si sente accettato e preso sul serio. Aspettate un momento, e poi domandategli: «Secondo te, quale potrebbe essere oggi il momento migliore per fare i compiti?» Vostro figlio allora avanzerà **diverse proposte**. Naturalmente ne sortiranno anche alcune che già sapete non potranno funzionare. Avete due possibilità: o scartate subito queste ultime come inaccettabili, oppure mettete alla prova vostro figlio lasciandogliele praticare. **Mettetevi d'accordo** con lui su come procedere, e stabilite di fare attenzione ai metodi che funzionano e a quelli che non funzionano. Decidete di ritrovarvi la settimana successiva per fare il punto della situazione. Dichiarate inoltre a vostro figlio che siete disposti a lasciargli applicare il metodo che entrambi sarete convinti che abbia funzionato meglio. A questo punto, vostro figlio cercherà di rendere efficace il metodo che preferisce.

Ci sono momenti per lavorare e momenti per rilassarsi e recuperare energie. Al termine di una snervante giornata di scuola, concedete pure una pausa a vostro figlio. Dopo uno 'stacco', riuscirà ad applicarsi più facilmente ai propri compiti.

Gli orari ideali per eseguire i compiti

- Il primo pomeriggio, concedete a vostro figlio il tempo sufficiente per riposarsi dopo la scuola. Finita questa pausa, però, dovrà fare subito i compiti.
- Potete anche accettare che vostro figlio studi la sera se, insieme con lui, dopo un periodo di prova, avrete constatato che è un metodo che funziona meglio.

APPENDICE BIBLIOGRAFICA

H. Gürtler *I bambini hanno bisogno di regole*, red edizioni, Como
come formulare alcune basilari regole di convivenza, poche ma chiare, e come far sì che tutti in famiglia si sentano in dovere di seguirle.

G. Preuschoff *Come capire e risolvere le paure dei bambini*, red edizioni, Como
paura del buio, della solitudine, della scuola, delle malattie, dei sogni, dei fantasmi… un manuale pratico per risolverle positivamente.

V. Lansky *Come dire al vostro bambino 'Ti voglio bene'*, red edizioni, Como
per educare il bambino all'amore più che le parole contano i gesti: segni d'affetto, piccole-grandi sorprese che lasciano il segno.

E. Fazioli-Baggio *Bambini davanti alla TV*, red edizioni, Como
consigli, regole, strategie per usare la televisione in modo intelligente.

J. Prekop, C. Schweizer *I bambini sono nostri ospiti*, red edizioni, Como
come aiutare bambini e genitori a risolvere le situazioni particolarmente critiche: aggressività, iperattività, separazioni, prime amicizie, frustrazioni, doveri…

M. Barth, U. Markus *Il libro delle coccole*, red edizioni, Como
il linguaggio delle carezze, degli abbracci, dei giochi corporei tra grandi e bambini.

S.E. Gottlieb *Come risolvere i problemi di sonno dei bambini*, red edizioni, Como
un manuale pratico che suggerisce alcune strategie vincenti, e in particolare anche alcuni 'rituali della buona notte'.

E. Anderson, G. Redman, C. Rogers *Come sviluppare l'autostima del bambino*, red edizioni, Como
cinque semplici regole d'oro per accrescere la fiducia nelle sue capacità e favorire un atteggiamento positivo.

E. Kübler-Ross *La morte e i bambini*, red edizioni, Como
testimonianze, esperienze, proposte concrete, riflessioni che riguardano tutti noi.

Per quanto riguarda le attività fisiche, segnaliamo
V. Woolf *Giochi di movimento*, red edizioni, Como
semplici e allegri esercizi da eseguire con i vostri bambini, a casa vostra: un passatempo utile e divertente.

F. Champion *Corso video di yoga per bambini*, red edizioni, Como
le prime sette lezioni, semplici e guidate, per un'educazione del corpo e della mente.

D. Ohm *Rilassamento muscolare progressivo*, red edizioni, Como
il metodo Jacobson per una rapida ed efficace distensione muscolare,
che aiuta a combattere lo stress e l'affaticamento fisico e psichico.

INDICE

HISTORISCHE ANTHROPOLOGIE

3. Jahrgang 1995/Heft 1

Gabriella Gribaudi, Klientelismus im Parteiensystem. Staat und Bürger in einer süditalienischen Stadt, 1945–1994

Günter Müller, Das Dorf der unbegrenzten Möglichkeiten. Über Arbeitsmigranten aus der Türkei und ihr Zuhause

Kristina Popová, Die Einweihung der Kirche Sveti Dimităr und die Schlacht bei Port Arthur. Zeit- und Raumbewußtsein in den Randglossen der Evangeliare von Tešovo 1849–1927

Zdenka Janeković-Römer, „Post tertiam campanam." Das Nachtleben Dubrovniks im Mittelalter

Akiko Mori, Grab, Epitaph und Friedhof. Neue Zugänge ethnologischer Familienforschung am Beispiel einer Kärntner Landgemeinde

Claudia Ulbrich, Die Jungfrau in der Flasche. Ländlicher Traditionalismus in Deutschlothringen während der Französischen Revolution

Palle Ove Christiansen, Die vertrackte Hofübernahme. Zur gutsherrlichen Rekrutierung von Bauern in der ländlichen Gesellschaft des östlichen Dänemark im 18. Jahrhundert

3. Jahrgang 1995/Heft 2

Ludolf Kuchenbuch, Die Achtung vor dem alten Buch und die Furcht vor dem neuen. Cesarius von Milendonk erstellt 1222 eine Abschrift des Prümer Urbars von 893

Barbara Duden/Ivan Illich, Die skopische Vergangenheit Europas und die Ethik der Opsis. Plädoyer für eine Geschichte des Blickes und Blickens

Leora Auslander, Erfahrung, Reflexion, Geschichtsarbeit. Oder: Was es heißen könnte, gebrauchsfähige Geschichte zu schreiben

Christoph Braun, Vom Clavicord zum Clavinova. Kulturanthropologische Anmerkungen zu Max Webers Musik-Studie

Gudula Linck, „Gezwungen nur greift er zur Waffe". Chinesische Gedichte für und wider den Krieg. Methodische Überlegungen zum Epochenvergleich

HISTORISCHE ANTHROPOLOGIE

Für weitere Auskünfte wenden Sie Sich bitte an:
Böhlau Verlag GmbH & Cie
Theodor-Heuss-Str. 76
D-51149 Köln

 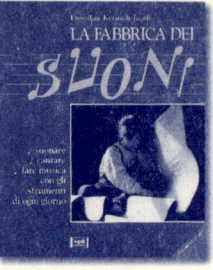 

E. Pikler
DATEMI TEMPO

L'evoluzione motoria
del bambino:
che cosa fare per
assecondarla.
Le osservazioni
e i consigli di Emmi
Pikler, pediatra, fon-
datrice a Budapest
dell'Istituto di via
Lòczy, dove i bambi-
ni senza famiglia
trovano condizioni
ottimali per il loro
sviluppo psicofisico.
**cod. ECP002 pag. 288
illustrato
lire 54 000**

J. Bouton
PEDAGOGIA
DEL SONNO

I problemi di sonno
nascono quando ci si
oppone ai naturali
ritmi regolatori
del cervello.
Questo libro propone
un modo per
riscoprire i tempi del
sonno e insegnarli
ai bambini, a partire
almeno dalla scuola
materna.
**cod. ECP003 pag. 144
lire 29 000**

Educare
e curare,
due impegni
gravosi, posti sul
terreno comune
della riflessione
critica.
Per avviare uno
scambio di
conoscenze e una
reciproca verifica
dei saperi.
Testi di riferi-
mento, di discus-
sione, di ricerca
e di apertura
al nuovo.

RICHIEDETE
IL NOSTRO
CATALOGO
GRATUITO

24 ORE
TEL 031/279146
SU 24

collana **EDUCARE CURARE PENSARE**

F. Marcòli
IL PENSIERO
AFFETTIVO

Sintesi di una vasta
ricerca e di un lavoro
quotidiano a contatto
con giovani disadat-
tati, questo libro si
sofferma, su quella
terapia del 'fare sto-
rie con i bambini' che
utilizza l'intelligenza
emotiva per curare i
disturbi del pensare.
**cod. ECP004 pag. 528
lire 79 000**

J. Prekop,
C. Schweizer
I BAMBINI SONO
NOSTRI OSPITI

Con l'affetto, la fidu-
cia e l'attenzione che
si danno a un ospite
(e il bambino è
l'ospite più gradito)
si possono risolvere le
situazioni quotidiane
particolarmente criti-
che: aggressività, ipe-
rattività, separazioni,
frustrazioni...
**cod. ECP005 pag. 128
lire 24 000**

T. Lang
I BAMBINI
HANNO
BISOGNO
DI AVVENTURA

Per crescere sicuro
il bambino ha
bisogno di avventu-
rarsi nel mondo
con esperienze che
coinvolgano tutti
i suoi sensi.
**cod. ECP006 pag. 80
lire 16 000**